ちょっとしたことで

差がつくメールの書き方

亀谷敏朗　Toshiaki Kametani

はじめに

メールで困るのは、伝わってほしいことが伝わらず、伝わらなくてよいことが伝わることです。

メールの失敗は誰にでもあると思います。私の過去の失敗で最悪なのは、送ってはいけないメールを送ってはいけない人に送ったことでした。

差し障《さわ》りない範囲で告白すると、「作家の都合ばかり聞いてたら、本なんかできないんだよ」という趣旨のメールを、こともあろうに作家本人に送ってしまいました。

このときは、幸い相手が心の広い方で許してくれましたが、一生の不覚です。

悔やんだわりに、不覚はその後も続きました。でも、やはりこのときの失敗ほどメールで青ざめたケースはありません。私は、いまでもＣＣメールには異常なほど神経を使っています。

送信間違いは、気を落ち着かせて見直し、宛先を点検すれば99%防げるものです。

その他にも、怒りにかられて書かなくてよいことまで書いて後悔する。慌てて書いて相手の名前を間違える。誤字脱字。これらは冷静に見直し、読み直しをすれば必ず防げます。

伝わらなくてよいことが伝わるケースとは、私の失敗のように単純で初歩的なミスばかりが原因ではありません。

文法的には正しいものの、誤解されやすい表現を意識せずに使って関係を気まずくする、使った言葉を違う意味にとられ、相手が傷つくという面倒なものもあります。

会話であれば、気にならない表現でも、文字にすると印象が変わるという言い回しは意外に少なくありません。

このようなことを意識してメールしている人は、どれくらいいるでしょうか。

同じ言葉でも、文字にすると会話のときより三倍（個人的印象です）は強く伝わるものです。この「法則」をわかっていないと、思わぬ誤解でピンチに陥ることもあります。

次にメールで悩むのが、どう書けば相手に伝えたいことが適切に伝わるかです。

不思議なことに、メールでは詳しく説明しようとして、文章が長くなればなるほど相手に伝わりにくくなります。メールは概して長文に向いていません。

会話でも、話が長くなればなるほど、前段の話は忘れられてしまい、言いたいことの半分も伝わらないことがよくあります。

この点では、メールは会話と似たところがあるようです。

もうひとつ、メールは伝える内容によって不向きな場合があります。

たとえば、クレーム処理をメールで行うのはとても難しいと思います。お詫びをメールで送るというのは、あまり感心できません。

クレーム処理もお詫びも、どうしても文章が長くなりますから、その点でもメールで送るには適していないと思います。

本書は、メールで伝えたいことを適切に伝える方法と、誤解を招くメールを避ける方法を簡単な文例で紹介しています。

したがって、そもそもメールで伝えないほうがよいようなことは、原則としてその対象から外しています。

本書は、メールの文例とその解説という形で構成しています。文例は一般的なメール、あまり適切ではないメールを「文例A」とし、改良後のメールを「文例B」としています。基本的には文例Bがおすすめ型です。

紹介している方法は、いずれも小さなことに過ぎませんが、神は細部に宿るといいます。小さな違いの積み重ねが、大きな差となるのは、メールも人生も同じです。

読者には、本書を参考にして、よりよいメールコミュニケーターとなっていただきたいと願っています。

亀谷敏朗

CONTENTS

第1章

文字の力を
メールに活かす技術

sec. 1

「してください」は「していただけると助かります」に

会話では気にならない言葉でも、メールではちょっと印象が変わるということがあります。その代表格が文例Ａの「してください」でしょう。

「〇〇してください」は、会話でそう言われれば、口調がキツクない限り、丁寧という印象しか伝わりません。ところが、メールでこうあると、丁寧ではあるものの、何となく命令されているようで愉快な気持ちにはなれないものです。

これは、文字の持つ「強さ」のせいだと思います。同じ言葉でも文字になると、会話では生じない効果をもたらします。普段、会話で使っている言葉だからといって、油断してメールで使っていると、相手の気分を損なうこともあるということです。

私は「〇〇してください」は、意識して文例Ｂの「〇〇していただけると助かります」に書き換えています。

文例A：してください型のメール

New Message

お世話になっております。

ご請求書は15日までに送ってください。

よろしくお願いいたします。

Point 支払う側(お客)、請求する側（業者）という関係ですから、あまりメールに気を使わなくてよいともいえますが、それでもお客だからと上から目線でメールを書いていると思われるのはよい効果をもたらしません。
下記のメールのように、ほんのすこし言葉を加えるだけで印象はずいぶん変わります。

SEND

文例B：すこし気を使った依頼のメール

New Message

お世話になっております。

弊社の締めの関係上、ご請求書は15日までに送っていただけると助かります。

どうぞよろしくお願いいたします。

Point このようにほんのすこし言葉を加えるだけで、印象はずいぶん変わります。

SEND

文例Aの「してください」を文例Bの「していただけると助かります」、あるいは「していただけると幸いです」に置き換えるのは大した手間ではありません。

それで相手によい印象を与えることができるのであれば、そのほうが賢明です。


会話の言葉と文字の持つ強さの違いは、潜在的に多くの人が感じていることだと思います。**メールで絵文字が多用されるのは、ビジュアルの面白さだけではなく、「文字による強さ」を、無意識に絵文字で緩和しようとしているのではないでしょうか。**

しかしビジネスシーンのメールでは、そうそう絵文字や（笑）などを多用できません。

そのため文章の工夫だけで誤解を避ける、ソフトな印象に文章を和らげる技術は、ビジネスパーソンにとって大切なスキルといえます。

そんなつもりじゃなかったのに

「してください」と同様に、「お願いします」も使い方によってはきつく感じることのある表現です。

会話や電話のときには気にならない表現が、メールになると印象が変わってしまうのは、会話や電話では伝わる「声の表情」がメールでは伝わらないからだと思います。

メラビアンの法則にあるように、人は言葉の意味よりも見た目の印象や声の大きさや質、抑揚《よくよう》などの「非言語情報」に強く影響されます。

言葉の通じない外国人とも、何とか意思疎通ができるのは、こうした非言語コミュニケーションが効果を発揮しているからです。

ビジネスシーンでは「してください」「お願いします」と言うときは、指示命令であることが少なくありません。指示命令のときは「声の表情」を抑えています。一方、本当に頼みごとをするときの「してください」「お願いします」は懇願するような言い方です。

私たちは、対話の場面で「してください」「お願いします」と言うときには、無意識にソフトな口調を心がけているのではないでしょうか。

ところがメールでは口調は伝わりません。

言葉の意味がむき出しになって、ダイレクトに飛び込んでくると、会話のときよりもキツめに伝わるということが起きます。

1
sec.2

相手のショックを和らげる断り方のメール

何かを断るとき、会話であれば、「う～ん」と唸《うな》っているうちに、相手がこちらの事情を忖度《そんたく》して、そこで一件落着。あるいは、「難しいかなあ……」と答えをあいまいにしていても**「空気」で伝わります。**

ですが、メールでは言葉で白黒つけないといけない場合があります。

たとえば、取引先からイベントへの招待を受けたとき、スケジュールが合わず出席できないと返事をするとします。

そういうとき、普通は「せっかくのご案内ですが、都合がつかないため欠席いたします。イベントのご成功を祈念いたします」という主旨のメールを送ると思います。

しかし、文例Aのように「出席できません」「欠席します」と言うだけだと、相手には単に断られたことだけが印象付けられます。

文例Ａ：普通の断りのメール

New Message

せっかくのご案内ですが、**都合がつかないため欠席いたします**。
イベントのご成功を祈念いたします。

Point 都合が合わないから欠席というだけでは、メールをもらった人は、あまり重要視されていないのかなと感じてしまいます。

SEND

文例Ｂ：すこし気を使った印象のメール

New Message

せっかくのご案内ですが、**この日だけはスケジュール変更がかなわないため、誠に残念ながら**欠席とさせていただきたく存じます。イベントのご成功を祈念いたします。
後日、イベントのご様子、新情報などお聞きかせいただけましたら幸いです。

Point イベントへの関心を示す一文を最後に添えることで、相手を軽視しているわけではないことを伝えます。

SEND

文例のＡとＢは、どちらも出席ＮＧなのですが、文例Ｂのメールのほうが相手に対する尊重の気持ちが伝わるのではないでしょうか。

気持ちは最後に添える程度

気持ちを伝えようとすると、つい文面が長くなりがちです。しかし、メールでは長い文はあまり好まれません。

また、気持ちを伝えたいと考えると、どうしても気持ちのほうを前段に持ってきてしまいがちです。

しかし、そうやって気持ちばかりを延々と述べていると、肝心の用件が疎《おろそ》かになってしまいます。

ですから、**気持ちを伝えようと思ったら、文章の最後に気持ちをひと言添える。**そのほうが効果的です。

メールには向かないものもある

メールというのは、長文になればなるほど読まれなくなるという傾向があります。

したがって、用件だけを伝えるのであれば、メールはとても便利なツールなのですが、気持ちを伝えるとなると、どうしても文章が長めになり、メールが適切な通信手段とは言えなくなることがあります。

ましてや、ひとつのメールで用件と気持ちの両方を伝えようとするのは、もはや過積載と言うほかありません。

気持ちを伝える必要のある代表は、お詫び、お礼、お祝い、激励、なぐさめ、抗議、お悔やみなどでしょうか。

私は、こうした気持ちを伝えることが必要なものは、場合によってはメールを使わないほうがよいと思っています。

特にお詫びは、基本的にメールにはなじまない性格のものです。

長々としたお詫びのメールが届くと、こんなものを書いている暇があったら、さっさと何とかしろと思いますし、トラブルが収束した後でも、メール一本で済ますつもりなのかと思ってしまいます。

1 sec.3

ネガティブな印象が増幅されるので「ダメ」と書いてはダメ

私は、ネガティブな言葉は、文字にするとネガティブ効果が三倍強調されると思っています。したがって**ネガティブ言葉は、メールではできるだけ避けたほうが安全・安心**です。

納期遅れが頻発したときなど、発注者としては、正直に言えば頭の中は怒りと失望でいっぱいとなるはずです。でも、文例Aのように、それをそのままメールに書いてしまうと、かなり強烈なメッセージとなって、相手のところへ飛んで行ってしまいかねません。

相手は、ただでさえ納期遅れでへこんでいるところに、こんなメールをもらったら、「ガッカリさせてしまったか」「もうダメだ」と、来週の納期に向かって頑張ろうという意欲まで失ってしまいそうです。

メールの目的は、相手をへこませることではなく、納期の遵守《じゅんしゅ》にあります。ですから、この場合は文例Bでいくべきといえます。

文例A：ネガティブ言葉のメール

New Message

今回、納期に間に合わないということで**ガッカリです**。

ダメですね。

来週に納期を延長しましたので、必ず間に合わせてください。

Point ここで恨み言を並べても、何ら建設的なことにはつながりません。ガッカリとダメというネガティブ言葉ばかりが強く脳裏に焼き付きます。

SEND

文例B：ネガティブ言葉を避けたメール

New Message

今回、納期に間に合わないことは残念です。**来週の納期には、いつもの優れた品質の製品が届くことを期待しております**。

Point メールの意図は、「来週の納期には間に合わせてほしい」ですから、相手のやる気を失わせてはいけません。

SEND

メールの文面は目的で決まる

ビジネスシーンのメールで、感情を伝える必要のあるケースは、先に挙げたお詫び、お礼、お祝いなどですが、日常的にはめったにありません。

このケースでも、納期遅れという事実にどう対処するか、その判断を相手に伝えるのがメールです。

すでに、来週まで納期を延期すると判断したのですから、この段階における最善の結果は、来週の納期までに最高品質の品が届くことです。

感情を伝えるのは、メールの目的ではありません。

したがって文例Ａのように、ガッカリやダメなどの強いネガティブ言葉で相手を傷つけ、腐らせることよりも、むしろ相手のモチベーションを高める文例Ｂのほうにメールの目的があります。

メールの文面は、メールの目的によって決まります。

メールであれ、電話であれ、無闇やたらに感情をぶつけるのは、ビジネスパーソン

の基本動作とはいえません。

ネガティブ言葉はポジティブ言葉に置き換えよう

とはいえ、ネガティブ言葉も日常的に使われている言葉ですから、使えないとなると不自由を感じるはずです。

そこで、ネガティブ言葉を使いそうになったら、いったんポジティブ言葉に置き換えてみるとよいと思います。

疲れた　→　がんばった
忙しい　→　仕事が充実している
失敗した　→　ひとつ成功に近づいた
ガッカリ　→　もう一息

ネガティブな言葉をポジティブ風に言い換えてみると、意外にこちらの気持ちまで明るくなるという効果もあります。

1 sec.4

電話では聞き流されることが メールなら記憶に留められることも

だれかの悪口をうっかりメールに書くと、文字の持つ強さの効果もあって、悪い印象が強く残ることになります。そして、それはブーメラン効果となって、いつか自分のところへ返ってくるものです。

一方、**だれかをほめるときには、メールは会話に比べて強く印象付けられ、記録にも残るため、よりよい効果を発揮します。**いわばメールの強さの有効活用です。

ここでは、取引先における同僚への評価を上げるために、メールを活用する方法を例にとってみます。

注意すべきは、ほめると言っても身内をほめることになりますので、ほめ方を間違えると、単なる身内びいきと思われかねないことです。

また、文例Aのように、本人の自慢話と思われるような自画自賛メールも禁物です。

文例A：自画自賛ととられかねないメール

New Message

先日のイベントで、会場への誘導で思わぬ混乱が生じたときは、どうなることかと不安でしたが、**弊社のチームワークで何とか乗り切ることができました**。

Point　これでは自分の会社の自慢でしかありません。

SEND

文例B：仲間の印象点を上げるほめ方のメール

New Message

先日のイベントで、会場への誘導で思わぬ混乱が生じたときはどうなることかと不安でしたが、**うちのスタッフの〇〇君と△△君がよくがんばってくれました**。
彼らのガッツに感謝しています。

Point　ほめる対象を明確にすることで、取引先に仲間の活躍を印象付けることができます。

SEND

自分で自分の仲間をほめたのでは自画自賛と思われますから、そこは控えめであることが基本です。

仲間の手柄を取引先にアピールするにしても、あまり大げさにやると、取引先にも身内にも違和感を抱かれます。

その点、メールというのは郵送文書と異なり、電話並みに手軽な通信手段というイメージですから大げさな感がありません。

大げさ感はないけれども、電話に比べればやや強めに相手にアピールすることができるため、こういうケースではうってつけといえます。

メールひとつで「できるビジネスパーソン」と印象付ける

自画自賛は鼻持ちなりません。

ほめられているのは仲間でも、ほめているのが同僚である送信者自身ですから、表現を間違えると、自分たちの手柄自慢とさえ受け取られかねません。

仲間の印象点を上げることが目的なのですから、文例Bのようにやはり担当者の個人名を出したほうが効果はあるでしょう。

個人名を出している文例Bであれば、メールを読んだ取引先の人に仲間の得点をアピールすることができます。

こういうメールをタイミングよく送っておけば、取引先に「彼（彼女）はできるビジネスパーソン」と印象付けることが可能です。

タイミングとは、実際に取引先のイベントで仲間が活躍したときから、あまり日をおかないことです。

まだ記憶が鮮明な間であれば、取引先は「あのときのことか」とその人の活躍を思い出すことができます。

メールの活用法としてこうした身内のフォローは有効だと思います。

取引先を相手に、同僚を上手にほめることができれば、取引先から「○○君が君たちのことを感心していたよ」と同僚にも伝わるものです。

1 sec.5

偉い人へお願いするときは、「響くひと言」で心をつかもう

偉い人に何かお願いごとをするときの基本は、**肝心なことは会ったときに面と向かって頼むこと**です。メールでお願いごとを書き送って、メールで了承をもらおうという考えは、偉い人が相手ではほぼ通用しません。

もし、文例Aのように社内の偉い人へ向かって、メールで依頼したい用件を詳細に書いて送っても、用があるなら直接ここまで説明に来いと言われるはずです。

では、メールは無力かというとそうではありません。

メールには文例Bのような、会って話すための段取りという大事な役割があります。

面会を取り付けるための段取りであるメールでは、まず共感を得ることに集中する必要があります。

そのためには、文例Bのように相手の関心の高い言葉をメールに使うことです。

文例Ａ：お願いごとの中味を細かく書いたメール

New Message

新製品の販促では、従来の３倍の予算をネットＰＲにかけたいと思っております。
新製品のユーザーは年齢層、ライフスタイルともにネットとの親和性が高いと考えています。**販促企画書を添付しております**ので、どうか本企画にご賛同いただけますようお願いいたします。
必要でしたらいつでもご説明に伺います。

Point 必要なのは添付より直接説明です。これでは共感することは難しいというパターンです。

SEND

文例Ｂ：会ってもらうためにまず共感を得るメール

New Message

新製品の成功のためには、従来とは異なる思い切ったＰＲが必要です。ユーザーと最も親和性が高い販促をしたいと考えておりますので、どうかご相談に伺う機会をいただきたく存じます。

Point どんなに偉い人でも、新製品の成功のためというキーワードを無視はできません。

SEND

メールで説得すべからず

偉い人のところには、あちこちからメールが飛んできます。お願いごとを送ってくるのも、一人や二人ではありません。一つひとつの内容を最後までチェックするというのは、物理的にも困難です。

私の経験から言うと、大体偉い人というのは、メールを三行くらいまでしか読んでいませんし、返信も三行以上になるものをくれません。概ねこの傾向にあるように思います。

文例Aのようなメールで説得しようとするよりも、文例Bのように共感を得ることに重点を置くべきというのは、こうした事情を考慮してのことです。

共感を得られれば「じゃあ会ってみるか」となるものです。

そこで重要となるのが、相手が関心を持たざるを得ないキーワードの存在です。

100の説明よりひとつのキーワード、いわば「殺し文句」です。

それでメールの成否が決まります。文例Bでは「新製品の成功のため」としています。

何がキーワードとなるかは、相手のことをよく観察し、相手の立場になって考えるしかありません。

面会後のひと言メールも効果的

偉い人に限ったことではありませんが、面会がかなった後にひと言お礼のメールを送っておくのは基本です。

このとき面会の席上で出た、相手の発言をメールに織り交ぜるのは、印象点を上げる有効なテクニックのひとつと思います。

相手にとっては、元々自分の発言ですから、メールに書いてあればすぐに思い出しますし、そこに好意的な感想が添えられていれば悪い気はしません。

できれば相手の言った言葉のうち、特に相手の思い入れの強かった台詞《せりふ》を示せればベストなのですが、そこはあまり考え込んでみても仕方ありません。とりあえず自分が最も印象深かったひと言に、お礼のメールで触れればよいと思います。

1 sec.6

社外の偉い人を攻略するときには、二種類のメールで

偉い人本人にメールを直接送ることは、社内の偉い人には可能であっても、社外となるとほぼ不可能です。たいていの場合、途中に秘書のような人がいます。

偉い人に送ったメールは、この秘書役のところを通過しますので、基本はすべて秘書役にチェックされていると考えるべきでしょう。

偉い人本人には、文例Ａのように共感を求めるだけでよいですが、秘書役にはそうはいきません。**秘書役が事務処理手続きで困らないよう、文例Bのようにある程度、詳細な説明、情報を示しておくことが必要です。**

すなわち、偉い人本人用のメール（文例Ａ）と併せて、秘書役用に用件をしっかり説明したメール（文例Ｂ）を送ること。

つまり、外の偉い人には二種類のメールを用意することが基本となります。

文例A：外の偉い人本人用のメール

New Message

我々サービス業も、ASEANに拠点を持つことが必要となっています。アジア市場のパイオニアといわれる貴社に、**ぜひ私どものASEAN展開にご協力賜りたいと願っております**。

Point　偉い人にはこの程度のメールでもよいですが、秘書はもう少し詳しい説明がないと仕事ができません。

SEND

文例B：偉い人の秘書役用のメール

New Message

我が社は今後5年間でASEAN諸国の30ヵ所に拠点を設ける計画です。
つきましては、アジアで高い実績をお持ちの貴社に、パートナーシップを含むご協力をお願いしたいと考えております。
可能でしたら、貴社○○社長に我が社の計画をご説明する機会をいただきたく存じます。

Point　少し長くなりますが、実務担当者である秘書役には、これくらい用件を明確に伝えましょう。

SEND

外の偉い人へ直接お願いごとをしても、九分九厘いくら待っても返信メールが来ることはないはずです。

外の偉い人に段取りをつけるためのメールも、共感重視の短文メールが効果的なのは同じですが、社内と違って外の偉い人は、秘書役という壁を攻略する必要があります。

秘書役にわかってもらえないことは、偉い人に伝わりませんから、秘書役を疎かにしてはいけません。

だからメールは二種類用意します。

何の用と言われようとも怯まないこと

文例Aの偉い人用のメールを送るときには、まず秘書役宛に文例Bのメールを送って、「○○社長にも同様のメールを送っておりますので、よろしくお願いします」という段取りで話を進めます。

偉い人本人のメルアドしか知らず、秘書役のアドレスはわからなくても、偉い人のメルアドが会社のアドレスであれば、１００％秘書役のところを通過しますので、秘書役宛のメールもそこへ送っておけば必ず秘書役に届きます。

同じアドレスに二通送る場合には、秘書役用の文面には秘書役の宛名で、偉い人用の文面には偉い人の宛名を書くということです。

偉い人というのは事前にメールで用件を伝えていても、たいてい会ったときに「今日は何の用?」と尋ねてくるものです。

社内の偉い人でも、社外の偉い人でも、この点はあまり変わりません。

一瞬「メールで用件を伝えたのに」と思うでしょうけれども、そこでビビらないこと。相手にとっては、これがあいさつのようなものなので、話がここからはじまったときには、メールのことは忘れて、改めて仕切り直しから入りましょう。

これが偉い人との面談の基本。メールの技術とは別の心構えです。

社内であれ、外の人であれ、偉い人相手に面談まで持ち込めれば、第一段階は成功と言えるので、二～三回同じことを説明するくらいなんでもありません。

1

sec.7

大事なことは最初の三行で書き尽くそう

メールというメディアは手紙よりも手っ取り早く、会話と違って記録が残るというのが特長です。

記録が残るから、それで安心というわけにはいきません。肝心なのは記録が残ることよりも、きちんと相手に意図が伝わり、相手の「記憶」に残ることにあります。

相手にきちんと意図が伝わるためには、できる限り伝えたい用件を前に持ってくること。そして可能な限り簡潔に記すことです。

したがって、文例Aのように、最後に用件を持ってくるのは、「メールに書きましたよ」というアリバイづくりにはなっても、相手にしっかり伝えるためには不都合です。

長いメールの最後に結論を持ってくると、最悪の場合、肝心の結論を読んでもらえないことさえあります。

文例A：理由を前に用件を後ろに持ってきているメール文

New Message

先日のお打ち合わせでは、耐久性という観点から弊社ではプランAを採用という結論になりました。
いったんその方向で動き出しましたが、今後想定されるビジネス環境の変化、および弊社の取引先の拡大を考慮しますと、安定して長持ちするシステムよりも、適宜に変更可能なシステムのほうが弊社には適しているという判断に至りました。
つきましては、誠に勝手ながら先日プランAとした結論をいったん白紙に戻し、改めてプランBをご提案いただきたいと存じます。

Point
冒頭で理由を述べるのは丁寧ではあるものの、せっかちな人は理由の部分を読まずに飛ばす、あるいは結論部分を見落とされる可能性もあります。

SEND

＜文例Bは41ページ＞

意外と気にかけられないメールの件名

私もそうですが、多くの人はメールをチェックするとき、だれからのメールかで重要度を判断する傾向があります。件名に「緊急」とあっても、あまり気にしません。

メール本文も同様で、用件がわかったらそこまででチェック終了。長いメールを最後まで読む人は少ないように思います。

そのため、最後まで読まないと用件のわからないメールでは、用件が伝わりにくい。

相手にきちんと読まれるメールは、文例Bのように、用件が冒頭にあり、かつ簡潔であること。これが基本です。

件名に用件を書いてあるからというのは、メール送信者の勝手な解釈、思い込みに過ぎません。

件名は意外と皆見ていないので、伝えたいことはメールの本文で「勝負」すべきです。

文例B：結論を前に、理由を後ろに持ってきたメール

New Message

先日のお打ち合わせでプランAと結論づけた件ですが、誠に勝手ながらいったん白紙に戻し、改めてプランBをご提案いただきたく存じます。
先日のお打ち合わせでは耐久性という観点からプランAを採用という結論になり、弊社もいったんその方向で動き出しました。
しかしながら、今後想定されるビジネス環境の変化および弊社の取引先の拡大を考慮しますと、安定して長持ちするシステムよりも、適宜に変更可能なシステムのほうが弊社には適しているという判断に至りました。

Point　このように結論を前へ、理由を後に持ってくると、最低限伝えなくてはいけないことは伝わります。また、はじめに結論がわかると、その理由を知りたくなるものです。

SEND

1 sec.8

メールの基本は短いパスの連続交換

メールは短文のやりとりが基本で、サッカーでいえば短いパスの連続でゲームをつくるポゼッション・サッカーということになります。

一気にエリアを稼ぐ、すなわちいっぺんに多くの情報を伝えるのは、不可能ではないですが不向きです。ロングボールを蹴りこむカウンター攻撃には向きません。

したがって、もし長めのメールを送らなければならない場合でも、**上から重要度の高い順番に述べていくことを心がけるべきです。**

後ろのほうにいくほど「伝わればよいが、いま伝わらなくても、次回に伝えればよい」という程度のものを置きます。

次々ページの文例AとBは、お客様からオファーがあり、その打ち合わせの日時について調整するときのメールです。

このとき肝心なのは、客先へ訪問する日時を決めることですが、できれば先方の予算や計画についても事前に知りたいところです。

しかし、この順序をあべこべにするべきではありません。

お客様へのメールの主たる用件は、打ち合わせ日時についてですから、やはり返信はそちらが先で、予算や計画については、次回のメールでも十分に間に合うというくらいの扱いでよいと思います。

文例Aはひとつのメールで、日時の確認、予算や計画にまで及んでしまっています。これでは客先も消化不良を起こしかねません。

文例Bでは、まず商談日時の提案メール、日時の確定後に予算、計画等の問い合わせメールと、面談の前にメールを二回に分けて送っています。

仮に、**一回のメールですべて片づけられるとしても、メールとしては小分けしたほうが無難です。**文例Aは、メールとしては致命的な長文になっています。

メールでも、やはり肝心なことは相手が何を求めてきたのか、その点を理解することにあると思います。

文例A：問い合わせへの返事を後にしたメール

New Message

今般は弊社にお声をかけていただき誠にありがとうございます。

ご訪問した際に適切なお話ができますよう、機会がございましたら貴社のご計画、ご予算等についてもあらかじめ概略をお知らせいただけますと幸いです。

ご訪問の日時につきましては、来週でしたらスケジュール調整が可能ですので、〇〇様のご都合をお知らせいただけましたら、そこにお合わせいたします。

もし今週のほうがよろしいようでしたら〇日×時は貴社へお伺いすることが可能です。

Point　冒頭にあるべき用件が最後になっています。また、あまりいくつも用件を盛り込むのは感心しません。

SEND

文例B：問い合わせへの返事を前に持ってきたメール

New Message

今般は弊社にお声をかけていただき誠にありがとうございます。

ご訪問の日時につきましては、来週でしたらスケジュール調整が可能ですので、〇〇様のご都合をお知らせいただけましたら、そこにお合わせいたします。

もし今週のほうがよろしいようでしたら〇日×時は貴社へお伺いすることが可能です。

・・・・・・・・ここまででいったん送信・・・・・・・・・・

・・・・・・・・訪問日時が決まったら下記を送信・・・・・・・・・・・

ご訪問した際に適切なお話ができますよう、機会がございましたら貴社のご計画、ご予算等についてもあらかじめ概略をお知らせいただけますと幸いです。

Point　ひとつのメールにいくつもの用件をいっぺんに書き込まず、はじめから複数回に分けて用件を伝える段取りが必要です。

SEND

1
sec.9

偉い人ほど三行以上はメールを読まない

上司へ送るメールは、懇切丁寧に、委細漏れなく伝えようと気を使うものです。

ところが、せっかく熱筆をふるっても、最後まで読んでいないのか、あまり詳細まで伝わっていないことのほうが多いのも事実です。

その理由は、偉い人は読むべき文書類が多いので、メールに限らず、いちいち細かく読んでいられないという事情にあります。

歴代総理の相談役といわれた瀬島龍三氏は、偉い人に何かを伝えるには三行以内のメモで渡しなさいと言っていました。何かの判断を求めるときも、三択にまで絞り、どれがよいかを選んでもらうほうがよいという話もあります。

したがって、自社の取締役などに文例Aのメールを送っても、高い確率で何も反応がないと思います。まず、もっと短く。できれば三行以内に用件をまとめるべきです。

文例A：用件を絞らないままのメール

New Message

お疲れさまです。
○△社のプロジェクトの進捗についてご報告いたします。
プロジェクトの第3ステージに入って新しい問題が見つかりました。

設備機器の技術開発が進み、当初導入予定だった機械はスペックがすでに旧式であることがわかりました。

最新機器を導入するには設備全体を見直す必要があります。

設備変更によって期待される成果も拡大が見込まれますが、予算の膨張を伴うことになりますので、費用対効果を確認するため目下資料を整えているところです。

資料がそろった段階で、改めてご報告いたします。

Point このままでは、ほぼ読まれないことを覚悟すべきメールです。
メールが来たという事実以外は何も残らない可能性もあります。

<文例Bは49ページ>

伝えるべき用件はひとつに

もちろん三行以内といっても、枕詞である「いつも大変お世話になっております。○○の件でご連絡いたします」などは行数にカウントしません。

文例AとBは、担当プロジェクトの進捗について社内の取締役へ報告するメールです。プロジェクトが万事に順調であれば、「順調です」のひと言で用件は済みますが、現実には万事順調なプロジェクトはありません。

ここでは、計画中の設備がすでに旧式化、機種変更が必要、機種変更で予算が膨らむ、の三つが想定外のアクシデントです。

前ページの文例Aでは三つを書き並べました。しかし三つも論点があると、話がまとまらずメールも長くなります。そういうメールを三行以内で伝えるには、まず伝えるべき用件を絞り込むことが肝心です。

それも、できればひとつの用件に絞り込むことで論旨が明快になります。

それが文例Bです。

文例B：用件をひとつに絞り込んだメール

New Message

お疲れさまです。

○△社のプロジェクトの進捗についてご報告いたします。

導入予定だった機械の機種変更を検討しています。

目下、機種変更による費用対効果の計算をしていますので、結果が出た段階で改めてご報告いたします。

Point

論点を機種変更1つに絞りました。
他の2点は、機種変更の検討過程で出てくるため、メールでは省いています。
メールの主旨は明確ですので、伝わる確率は格段に上がります。

SEND

1
sec. 10

メールで三つ以上伝えなければならないときは「結論」のみで

メールの用件はひとつに絞り込むことが望ましいのですが、状況によっては伝えなければならない用件が、どうしても三つ以上になることもあります。

そういうときは、結論のみ箇条書きで並べるという方法もあります。

前項で、文例に挙げたシチュエーションを今回も応用します。前回は設備変更を伝えるメールでしたが、設備変更によって予算は膨張するものの、期待される成果も拡大が見込まれるという補足を、どうしても付け加えたいとします。

ここまで話が煮詰まっているのに、メールで連絡というのも非現実的という気もしますが、海外など遠方でのプロジェクトではあり得ないことではありません。

そして、何とか予算アップを図りたいのですから、メールの役割は重大です。そういうときに文例Ａのメールではいただけません。

文例A：三つ以上の用件を文章中に織り込んだメール

New Message

導入する設備の機種変更に伴い費用対効果を精査したところ、当初の計画より生産性が**15%向上し**、**予算は10%膨らむ**ことがわかりました。

また、設備の試運転から本格操業まで3ヵ月を要するため、**プロジェクトが2ヵ月程延びる**こととなります。

もうひとつ想定外の要素があります。

設備の機種変更によって技術レベルが上がったため、プロジェクトのスタッフに技術に明るい人材が必要になりました。**技術スタッフの増員**をご検討いただきたいと存じます。

SEND

Point 現場の混乱はうかがえるメールですが、混乱ぶりをそのまま伝えることは避けたほうがよいでしょう。
文面も混乱しているので、わかりにくくなっています。

＜文例Bは53ページ＞

結論の後ろに理由を添える

文例Aのような混乱を避けるには、まず冒頭に結論を持ってくることです。その結論は、三点以内に絞ること。文例Bでは三点を箇条書きで示しています。結論がきっぱり書いてあると、メールをもらったほうも態度を保留しにくいものです。

そのうえで、さらにその理由を付け加える必要があれば、結論の後ろに置く。

結論はしっかり伝えているわけですから、理由は読まれなくても用件は伝わります。書く以上は読んでほしいはずですが、何でもかんでも伝えようとすると、文例Aのようになってしまいます。

理由は後ろでもよい。優先されるべきは、結論のみと割り切ることでメールはシンプルになるものです。

文例Bでは、理由の最後にグッドニュースを添えていますが、人情としてはよい情報はもっと前に持ってきたいでしょう。しかし、それをやると文面を混乱させます。

文例B：結論を３つ並べ、その後ろで理由を述べたメール

New Message

機種変更により

・当初の計画よりも10%予算が膨みます。

・プロジェクトのゴールが2ヵ月程伸びます。

・技術スタッフの増員が必要です。

プロジェクトが2ヵ月程延びるのは、設備の試運転から本格操業まで3ヵ月を要するためです。また、設備の機種変更によって技術レベルが上がったため、技術に明るいスタッフの増員をご検討いただきたいと存じます。

機種変更によって、生産性は当初より15%の向上が見込まれます。

Point

結論の3点を冒頭に置き、その理由を後段に置くと長文の煩わしさがかなり軽減されて、読みやすくなります。**生産性の15%アップというグッドニュースは、最後に置くのが原則です。**

SEND

1 sec.11

できる人は、件名（ヘッドライン）を自分のために役立てる

かなり前に送ったメールの件名（ヘッドライン）がそのまま残り、すでに話題は別のテーマに移っているにもかかわらず、いつまでも「Re：〇〇の件」となったままということがよくあります。

それでもメールのやりとりに支障はないのですから、多くの人にとって件名はあまり意識されていないと言えるでしょう。

では、件名は無用の飾りなのか。見方を変えると**意外に役に立つ面もあることに気がつきます**。たとえば、会議の連絡メールでも、単なる予定のリマインドが目的か、議題について事前準備を促すのが目的かで、本文は違ってきます。目的は件名に表れます。
リマインドを目的としたメールであるにもかかわらず、件名を明確にしていないとついつい余計なことも書きかねません。それが、妙に長々とした文例Aのメールです。

文例A：件名なしのメール

New Message

件名　なし

お疲れさまです。

次回の会議についてご連絡します。

前回議長からもお話がありましたが、働き方改革に関し各部署の現状と社員の意見、および出席者各自の意見を次回会議までに取りまとめてください。

日時　○月×日　15時〜16時　於　本社B会議室

議題　我が社の働き方改革

また、働き方改革についての記事や他社の取り組み等についても、有意義な情報がありましたらできるだけ集めるようにお願いします。

Point　件名がないままだと、何のメールか目的があいまいとなるため、いろんな要素を盛り込みたくなります。

SEND

＜文例Bは57ページ＞

件名は見出し、見出しが決まると書くことも決まる

メールの件名を何にするかというのは、自分の頭の中で何を書くべきなのかと整理整頓する作業でもあります。

ここで書くべきメールは、本来予定のリマインドですから、件名をその点に絞り込んでおけば、あまり余計なことまで書かなくて済みます。それが文例Bです。

混乱したときは「テーマに返れ」が文章の基本です。

「そもそも何を書きたかったのか」を自問自答すれば、混乱した頭の中が片付きます。

メールの件名（ヘッドライン）は、相手に用件を伝えるだけでなく、**メールの本文を書くときの迷走を防ぐ、本文をまとめるのに役立つ効用があるということです。**

メールでは、件名を適切につけておくことで、メールの目的が明確になります。メールを書いているうちに煮詰まったら件名に返るとよい。

つまり、自分のために役立つのが件名ということです。

文例B：会議予定のリマインドを件名で明確にしたメール

New Message

件名　次回会議の日時をご案内します

お疲れさまです。

次回会議のご連絡をします。

日時　〇月×日　15時～16時　於　本社B会議室

議題　我が社の働き方改革

Point

件名を明確にすると、メールの目的もはっきりとします。

目的がはっきりすると、目的以外のことは書かずに済むことになるため、自然とメールはシンプルなものになります。

件名をつけるということは、自分の頭の中で文意を整える作業でもあります。

SEND

1 sec. 12

件名をうまく一行にまとめる技術

件名は一行ですから、数文字程度が基本。件名でメールの内容を短くまとめて表現するといっても、適切な表現で一行にまとめる作業は案外難しいものです。

それでも一行にまとめる過程で、前述したとおり結局、何が言いたいのか自問自答することにより、論旨の核が明確になるので、件名を適切に短くまとめることは本文をまとめることにも役立ちます。

コツは引き算にあります。

文例Aは、「残業を減らす」「会議を減らす」「会議のやり方を改める」とメールで伝える要素が三つあります。

本文の要素が多いため、件名までそれを反映してあいまいで短くなってしまい、結局、何を言いたいのかが不鮮明です。

文例A：用件を整理整頓しないままの件名

New Message

件名　働き方改革について

私たちの職場でも働き方改革に取り組むことになりました。

働き方改革の一環として、まず残業を減らしたいと思います。

当面の目標は、会議の数を減らす、会議のやり方を効率的に改めることです。

各チームにおかれましては、ムダな会議をやっていないか、ムダに会議に時間をかけていないか、改めて見直してみてください。

Point　メールの目的を絞り込まないまま件名を書いてしまうと、メール本文も散漫になります。

SEND

＜文例Bは61ページ＞

見た目をスッキリさせる技術

文例Aの件名を適切にまとめるには、文例Aの論点を事前に整理する必要があります。論点を整理した結果、働き方改革を実現するには、そもそもムダな会議がないかを見直すことが効果的となりました。

すると件名も「働き方改革の進め方……云々」ではなく、「会議の見直しについて」にまとまります。件名がまとまると同時に、メール本文もまとまる。件名の整理整頓は一石二鳥ということになります。

せっかく苦心して件名を短くまとめても、メールの本文が長々としたものでは見た目がシャープではありません。

メールの理想は、用件を三行以内に収めることですので、ワンセンテンスを数行に及ぶ長文としないことに気を付けたいものです。

文例B：用件を整理整頓した件名

New Message

件名　会議の見直しについて

私たちの職場でも働き方改革に取り組むことになりました。
そこでムダな会議がないか、改めてチームごとに会議のやり方を見直してみてください。

Point

働き方改革を実現するには、業務の中でムダな部分を削るしかありません。
メールを送る前の論点整理で、働き方改革を阻害している要因はムダな会議にあると判断されれば、要点をそこにしぼってメールをしたほうがコミュニケーションの上でも合理的です。

SEND

1
sec.13

メールの本文を短く切ってまとめる技術

文章は、短くまとまっているほうが読みやすい。それが文章の基本です。この基本はメールでも同じ。とはいえ、短い文章で用件を伝えるのは、そう簡単なことではありません。

文章全体を短くするには、まず一文、一文を短くすることからはじめるのがよいと思います。**ひとつの文が、延々と何行にもわたって続くようでは、文章全体を短くしようとしても、それは至難の業となります。**

文例Ａのように、一文がこれだけ長い文というのはめったにないですが、人によってはこうした個性的な文を書くこともあります。

個性としてはそれでよいのですが、ビジネスシーンで使うメールでは、個性を発揮することよりも、相手に適切に用件を伝えるというメールの目的のほうが優先されます。

文例A：一文が長々としているメール

New Message

件名　ムダな会議の代表例

会議に関するムダとしてよく見かけるのは、部門間の連絡会議を同じ議題なのに別々に何度も開いているケースであったり、メール等で個々に伝達できることを全員が一堂に会して行うようなケースや、無用な会議資料を過剰に用意することなどが代表例です。

Point　文章が長くなると、長くなった分だけ読んで理解するのが難しくなります。
メール文は読み手に配慮することが基本、よりわかりやすい表現を心がけるべきです。

SEND

<文例Bは65ページ>

用件を箇条書きして長文を避ける

文例Bでは、文例Aのメール本文を短く切りました。

改善点としては、伝えるべきポイントを箇条書きで表記したことです。本文で内容を箇条書きの形で示すというのは、比較的簡単な改善方法といえます。

ひとつの文がどんなに長くても、箇条書きなら短く切り分けることが可能です。

一文が数行にわたって長々と続いている文例Aに比べると、箇条書きでも一行にコンパクトにまとまっているとスッキリした印象になります。

文例Bは、残念ながら三行以内というわけにはいきませんでしたが、一文が短いのでそれほど読みづらいということはないと思います。

箇条書きで挙げた三点の内容は、文例Aから抜き出しただけですので、箇条書きに落とし込む作業も困難というほどのことではありません。

文章が長くなりそうになったときは、この方法で短縮してみてください。

文例B：論点を箇条書きにしたメール

New Message

件名　ムダな会議の代表例

下記にムダな会議の事例を挙げます。

（1）部門間の連絡会議を同じ議題で何度も開いている

（2）メール等で伝達できることを一堂に会して行っている

その他、無用な会議資料を過剰に用意している

Point

一文が短いと文面に冗漫感がありません。

文面がすっきりしていると、書いてある内容とは別に、できる人という印象を受けます。

文章も「見た目」の影響が大きいのです。

SEND

第2章

うっかり
地雷を踏まない
メールの技術

2
sec. 1

メールで誤解を避ける基本は「気配り」にあり

メールに限らずコミュニケーションでトラブルが起きる原因の多くは認識のズレ、いわゆるボタンのかけ違いといわれるものです。お互いの問題意識等をしっかりすり合わせていないと、こうしたボタンのかけ違いが起こります。

お互いの付き合いが短いうちは双方に遠慮がありますから、言葉の選び方ひとつでも用心深くなるので、めったに行き違いは起きません。ところが付き合いが長くなるにつれ、すこしくだけた言い方でお互いの距離をさらに縮めようとしはじめます。

こちらは親しいつもりでいても、相手はこちらが思っているほど親しい関係とは考えていないというときに、あまり親しい言い方をすると気まずい事態を招きかねません。

たとえば、やや面倒な仕事が終わった後に、お互いの苦労をねぎらい、次はうまくやりましょうという激励のつもりでメールを書いたとします。

文例A：ねぎらいと激励のつもりのメール

New Message

この前はトラブル続きでお互い大変でしたね。
次はもっとうまくやりましょう。

Point 気心の知れた仲間同士であれば、何と言うことのないメールですが、気軽さは無礼、無遠慮と紙一重。ときに誤解を生むことがあります。

SEND

文例B：相手の心理に気を配ったメール

New Message

この前はトラブル続きで○○さんにはご苦労をおかけしました。
次はこちらの準備をしっかり整えて臨むようにいたします。
今後ともよろしくお願いいたします。

Point 他人行儀に見えますが、相手の顔が見えないメールではこのくらいの慎重さが基本です。

SEND

メールは常に「慎重」が基本

メールは気軽な通信手段ですので、あまり細かいことは気にせずにやりとりを繰り返します。ところが、つい油断をして双方の問題意識や立ち位置等の違いに配慮しないと、思わぬ誤解を生むものです。

前ページの文例Aは、お互いが同等の立場であれば、このメールでねぎらいと激励は伝わるかもしれません。

しかし、もし相手が取引先で、こちらが発注者という立場であれば、文例Aのメールにある「この前はトラブル続きでお互い大変でしたね」は、苦情とも取れます。

また、「次はもっとうまくやりましょう」は、釘を刺されたように感じるかもしれません。

反対に相手がお客様の立場だとすれば、あまりにも責任感のない、なれなれしいメールという受け取り方をされる恐れがあります。

そうした誤解をできるだけ避けようとするならば、**どんなに親しい間柄であっても、**

メールでは、丁寧さのレベルを会話や電話よりも一段上げる気配りが必要です。

それが文例Bとなります。

トラブルの原因がどちらにあるかは別として、こういうメールであれば、相手は自分が非難されていると気分を害することはありません。

他人行儀は致命傷とはならない

文例Bでは何か他人行儀でメールがぎごちないと、送信者も、受信者もそう感じるかもしれませんが、相手の気を悪くさせないことを優先すべきです。

気軽なメールでは無礼、無遠慮と誤解されることもありますが、他人行儀だからといって、お互いの関係に致命的な傷がつくということはありません。

過ぎたるは及ばざるが如しというよりも、メールでは、むしろ「過ぎたるは及ばざるに如かず」と考えるべきです。

要らざる誤解を招くよりは、他人行儀と思われるほうがマシ。メールひとつで人間関係が悪くなったのでは堪《たま》りません。

sec.2

「わかっているだろう」でメールを書くことは危険

メールのやりとりでは、前提となる認識を共有していないと、正しいコミュニケーションを取ることができません。

前提となる認識が異なっていれば、必ず誤解が生まれます。簡単な例としては、「メールを送ったのだから見ているはず」という思い込みがもたらす誤解などがそうです。

たとえば、「現在懸案の業務改善について○○部の△△さんが詳しいそうです。一度相談してみようと思います」というメールを上司に送ったとします。

上司からこのメールの返信はありませんでした。

しかし、**部下はメールを送ったのだから上司が承知していると思い込み**、△△さんに会って業務改革について有力な情報と全面的な協力の内諾を得ました。

部下は、早速グッドニュースとして上司に文例Aのメールを送りました。

文例A：上司が承知しているという思い込みのメール文

New Message

業務改革の件、○○部の△△さんが全面的に協力してくれることになりました。
次回からミーティングにも参加してくれるそうです。

Point

上司が、前提となる認識を共有していないと、「何を勝手なことを！」と不快に思います。
上司の認識が不確かなときは、他部署の人を巻き込んだ話に発展しているという印象を与える表現は、避けたほうがよいでしょう。

SEND

＜文例Bは75ページ＞

誤解を大きくしない

上司が承知していればこれはグッドニュースですが、上司が○○部の△△さんの件を共有していないと、「いきなりこんなメールをよこして……。自分の承諾もなしに何を勝手なことをやっているのか」と怒るかもしれません。

途中で上司に確認を取れば済むように思えますが、実際にはさまざまな事情で確認がとれないこともあります。

一方、上司は承知してないかもしれないという前提で、すこし気を配ったメールを書くと文例Bのようになります。

上司にメールを送ったのは事実でも、**上司はわかってくれていると、踏み込んだ表現でメールを送ると、誤解の幅も大きくする恐れがあります。**

一方、上司はわかっていないかもと、表現を抑え気味にしておくと、大きな誤解による無用のトラブルを避けることができます。

文例B：上司は承知していないかもという前提のメール

New Message

業務改革について、〇〇部の△△さんが詳しいというのでお話を聞きました。

かつて業務改革のリーダーを務めたこともあるそうで、理論面でもしっかりした知識をお持ちでした。

部長がよろしければ、一度改めて協力を要請したいと思います。
△△さんは我々の取り組みに好意的で、必要であればミーティングに参加してもよいと言ってくれています。

SEND

Point

メールとしては長いですが、肝心なのは冒頭の2行で、3行目以降は補足となります。

「業務改革を進める」というのは上司との共有事項です。その情報収集の報告であれば、上司がひとつ前のメールを見ていなくても大きな誤解に発展することはありません。

ひとつ前のメールとも矛盾なくつながります。

2 sec.3

慎重が高じてネガティブすぎるメールも禁物

わかっているはず、問題ないだろうという思い込みを前提としたメールは、思わぬ誤解を生むので警戒するのが基本といえます。

同じ社内でも誤解が生じるのですから、社外の人である取引先との間では、さらに注意深いメールを心がける必要があります。

ただし、慎重であることはよいのですが、慎重になるあまりネガティブな情報ばかりを並べてしまうというのも、メールでは避けたいところです。

メールでは、ネガティブな言葉は会話よりもいっそうマイナスに響くからです。

商社の人がメーカーに商談経過を報告するとき、文例Aのようなネガティブメールを送れば、メーカーはこの商談をあきらめ、話を別のところへ持って行ってしまうでしょう。

メールの書き方ひとつで、ビジネスの行方が大きく変わることもあります。

文例A：ネガティブな情報に軸足を置いたメール

New Message

○○販売（株）の△△社長はこの分野の事業拡大をお考えでしたので、貴社製品を紹介しました。
ところが製品のアピールポイントである汎用性については、いまのお客に汎用性は受けない、むしろ汎用性はないほうがよいと散々でした。

Point

過度に期待させて、商談がうまくいかなかったときにガッカリさせたくないという思いで、メールが過度に慎重になっています。

そのためネガティブな情報ばかりを並べてしまいました。

しかし、あまりネガティブな情報ばかりだと、相手は期待を失ってしまいます。

特に「散々でした」は、こうしたときには控えるべき表現です。

SEND

<文例Bは79ページ>

ネガ・ポジ情報のバランスをとったメール

前ページの文例のＡと次ページのＢは、メーカーと販売会社を仲介する商社の担当者が、ある製品を販社に紹介し、そのときの様子をメーカーへ伝えた際のものです。

商社にとっては、メーカーも、販売会社と同様の大事なお客様、前ページの文例Ａではメーカーに、この販売会社との取引をあきらめろと言っているようなものです。

ちょっと手間はかかりますが、面倒でも次ページの文例Ｂのように、**ネガティブ情報とポジティブ情報を並記して、期待値のバランスをとると誤解を避けられます。**

メールは慎重にが基本、と同時に、できるだけポジティブな表現を使うことも基本です。

商談不成立という場合、どこまでポジティブな表現ができるかとなると難しいですが、そもそもそういったお知らせは、メール以外でするほうが妥当かもしれません。

メールは、概して込み入った問題、深刻な問題の連絡手段には向いていないからです。深刻な話題には、「表情」が伝わる手段を選んだほうがよいと思います。

文例Ｂ：ネガ・ポジ両方の情報を記したメール

New Message

○○販売（株）の△△社長はこの分野の事業拡大をお考えでしたので、**貴社製品に興味津々で、紹介するにはラッキーなタイミングでした**。
全体としては前向きでしたが、貴社製品のアピールポイントである汎用性については、いまのお客に汎用性は受けないということです。**この点では課題が残りました**。

Point

プラス、マイナスの情報を並記することで、期待値のバランスをとっています。
すこし長いメールですが、相手にとっても関心の高いことですから、このくらいの長さは許容範囲でしょう。
状況は不利ではない、しかし解決すべき課題はあるというところが、このメールで伝えるべきポイントですので、過度に慎重になってネガティブな情報ばかりを並べる必要はありません。

SEND

2 sec.4

ネガティブメールをポジティブメールに変換する言い回し

ネガティブなメールを書かないためには、ネガティブな言葉を使わなければよい。そのためには、ネガティブな言葉を使いそうになったら、可能な限りポジティブな言い回しに改めることです。

これは第1章で述べたとおりです。

そんなことできるのかと思われるかもしれませんが、ネガティブな言葉をポジティブな言葉に言い換えることは、実はそう難しくありません（25ページ参照）。

ネガティブな言葉をポジティブな言葉にうまく変換できそうにない場合には、ちょっと長くなりますが、言い回しをポジティブにすることで文面の印象を変えることができます。

ポジティブなメールは、もし誤解されたとしても、ダメージはネガティブなメールよりもはるかに軽微ですから致命傷は避けられます。

文例A：ネガティブ言葉のメール

New Message

期待外れの提案で残念でした。

こちらの意図をきちんと理解したうえで、再提案をお願いいたします。お待ちしております。

Point　期待外れと言われては、人によってはその瞬間に再起不能に陥るかもしれません。再提案を待つなら励ましも必要です。

SEND

文例B：ポジティブ言葉のメール

New Message

想定外のご提案で、そういう考え方もあるかと刺激を受けました。

ただ、当社の意図は先にお示ししたとおりなので、今回は当初の線を守りたいと存じます。

何度もお手数をおかけして申し訳ありませんが、再度のご提案をいただけますと助かります。

大いに期待しております。

Point　相手のアイデアを尊重しつつ、再提案は求めます。期待を示すことで相手のモチベーションの維持を図ります。

SEND

ネガティブな言葉とは先述したとおり、悪い、嫌い、ダメ、ガッカリ、残念などトゲのある否定語です。

文例Aのようなネガティブな言葉で否定されては、このメールを受け取った人は、しばらく立ち直れないかもしれません。

たとえ、提案されたものがNGであったとしても、「ダメです」「期待外れでした」と言われたのでは一層深く傷ついてしまいます。

相手との関係がデリケートなときに、こういうメールをもらったら、もらったほうは二度とメールしてこないかもしれません。

ビジネスでは、相手からの再提案がなければ、こちらも困るという場合があります。

最初に二つのポジ、それからひとつのネガ

文例Bでは、相手の提案を期待外れと一刀両断せず、アイデアのユニークさについては評価しています。

しかし、当初の目的からは外れているので、修正提案を求めるという流れです。そして文末に期待を示すことで、相手のモチベーションが下がらないように配慮しています。

目的は相手をへこますことではなく、よい提案をもらうことですから、ネガティブなメールはかえって逆効果です。

しかしビジネスシーンでは、どうしてもネガティブな表現をせざるを得ないときも、ないわけではありません。

どうしてもネガティブなことを言わなくてはならないときには、ネガティブなことだけでなく、必ずポジティブなことも書き添えるべきです。

上司から部下へのメールでも、最初から最後まで叱りつけるメールではなく、最初に三つくらいほめて、その後にひとつだけ叱るというのが原則です。

「〇〇はよかった。△△もできていた。全体的にはよくがんばったと思う。しかし××については、残念ながら期待外れだった」

というように、ひとつネガティブなことを言うときには、三つのポジティブを並べます。

ポジ三に対して、ネガ一の割合がメールのレシピです。

2
sec.5

面倒でもひと手間かけてメールのトラブルを予防

「ＯＫです」「成功です！」というメールでは、このように書くだけで十分です。

メールを受け取るほうは、期待にかなう返事が来ているので、詳細な理由まで知りたいわけではありません。

「なぜ」についての記載がなくても気にする人はいないはずです。

ハッピーメールには、理由がなくてもよいのです。

しかし、ＹＥＳに説明は無用でも、ＮＯとなるとそうはいきません。

文例のＡとＢは、新たに業界団体の幹事役に就任してほしいという、事務局からの依頼に対するお断りの返信のメールです。

事務局としては、文例Ａは意思は明確であるものの、あまりにぶっきらぼうで事務局への配慮が感じられません。

文例A :NOとだけ伝えるメール

New Message

大変光栄なお話ですが、幹事役はご辞退させていただきたく存じます。

Point

これでは、もちろんNOという意思は伝わるものの、ずいぶんぶっきらぼうな人という印象を相手に与えてしまいます。

SEND

文例B :NOの理由を書き加えたメール

New Message

大変光栄なお話ですが、幹事役の大役はお許しいただきたく存じます。

諸先輩を差し置いて、そのような大役は分不相応でございます。**これまでどおり、サポート役で尽力いたしたくお願い申し上げます**。

Point

辞退する理由と、今後もサポート役を務めるというひと言を添えることで印象がだいぶ和らぎます。

SEND

文例Ａは、いわゆる愛想のないメールですが、愛想がないだけであれば実害はないものの、事務局に対して何か不満があるのかと勘繰《かんぐ》られてはプラスになりません。単なるお断りだけのメールではなく、文例Ｂのようにその理由を述べ、さらに幹事役はＮＯでも、その代替案（従来通り裏方としてサポートする）を示すことで、断るにしても誠意が伝わるはずです。

メールでＮＯというときは軽い事案のときだけに

上手なコミュニケーションのコツは、どれだけ相手の立場に立つことができるかにかかっているのですから、ＮＯというときほど、その理由を丁寧に語るべきということとなります。

とはいえ、メールというメディアの特性から、あまり長い説明は相応《ふさわ》しくありません。したがって、本来長い説明や釈明を要するような深刻な事案では、メールで伝えるという方法を、そもそも避けたほうがよいと思います。

すなわちメールでＮＯというときは、比較的軽い事案についてということになります。

それでもＮＯである以上は、いかに軽い案件であっても、きちんと理由を告げることを普段から習慣としておいたほうがよいと思います。

たとえば異業種交流会、あるいは同窓会などの幹事など、比較的軽い役割を依頼されたときでも、諸々の事情で断る場合には、その理由についても可能な限りきちんと書き添えておくほうがよいでしょう。

ＮＯというメールは、受け取る相手、つまり依頼状を送った側としては、自分の意に沿わないメールを受け取ることとなります。よって、それ相応の理由がないと納得できないものです。

受け取る側の立場からすれば、ＹＥＳは寡黙《かもく》、ＮＯは雄弁《ゆうべん》が基本ということになります。

一方、メールを送る側は、逆にハッピーメールでは雄弁で、残念なメールを送るときはあまり語りたくないものです。しかし、そこは乗り越えねばなりません。

相手を尊重するとは、言葉使いの丁寧さのみならず、相手のことを思いやり、相手に十分に配慮して、面倒でもひと手間をかけたメールを送るということなのです。

2 sec.6

クレームではあっても、せめてひと言を添える習慣を

お断りのメールを送る場合と同様、メールでクレームを入れるというのも、他に伝達手段があるのなら、避けたほうがよいケースです。

しかし、止むを得ずクレームのメールを送るときには、メールが相手への非難に終始しないよう抑制することが基本となります。

相手の顔が見えないときのクレームでは、クレームを入れるほうはついつい熱くなって、とことん相手を非難してしまいがちです。

文例Aは、一般的なクレームのメールで、取引先に反省と改善を求めています。

一方、文例Bでは前半が反省と改善を求める文、後半が激励の文です。まさに叱咤激励《しったげきれい》というメールになっています。

相手の改善意欲を喚起するには、激励のひと言があってよいのではないでしょうか。

文例A：クレームだけのメール

New Message

最近、納期遅れが多発しております。

また、その連絡も直前になることが多く、毎回対応に苦労している状況です。根本的な改善を求めます。

Point 厳しい調子ですが、これはまだ抑制の利いているほう。反省だけを求めるなら、これくらいでよいかもしれません。

SEND

文例B：クレームにひと言添えたメール

New Message

最近、納期遅れが多発しております。

また、その連絡も直前になることが多く、毎回対応に苦労している状況です。根本的な改善を求めます。

前回の製品はお客様に大変好評でした。これからも貴社の技術を信じ、よい仕事を期待し続けます。

Point 前半は反省を求めるクレーム、後半はやる気を促すエールということになりましょうか。
後半の文があることで、先方も少しやる気が出るはずです。

SEND

クレームの趣旨とは、適正な品質の商品、サービスを求める改善の要求であり、今後は同じ間違いをしないでほしいという期待の表明です。

クレームは、強い言葉が並びますので、非難が目的のように見えますが、ビジネスシーンにおけるクレームは、本来は非難を目的とするものではありません。

それが非難の塊《かたまり》になるのは、人は有利な状況（強い立場）になったときには、感情のほうが先行するからです。

クレームと叱る、怒るとはよく似ています。

叱る、怒る人は、相手よりも強い立場にありますから、感情を爆発させがちです。しかし、叱る、怒るも目的は感情の爆発にあるわけではなく、改善・修正にあるはずです。ましてや、文字による通信手段であるメールで感情を爆発させては、クレームの趣旨は正当であっても、恐らくその後の収拾がつかなくなってしまいます。

クレームとは強い言葉で激励すること

もし、この先二度と取引をしないのであれば、取引解消を申し入れるか、黙って去って行けばよいこと。クレームとは、本来雪辱《せつじょく》のチャンスを与えることです。

相手に挽回するチャンスを与える以上、反省もさることながら、失地回復の意欲をもって挑んでほしいはずです。

したがって、クレームのメールでも、相手のモチベーションを高めるポジティブな印象のメールであったほうがよいと思います。

文例Bのように、ポジティブなひと言を添えるだけでも、メールの印象はクレームからエールへとガラリと変わるものです。

後半の文言で、クレームメールに付加価値が加わりました。

クレームとは、強い言葉で励ますと言い換えることが可能であるように思います。**強い言葉で励ますのであれば、文字の強さを持つメールは最適な伝達手段かもしれません。**

情けは人のためならず。

クレームのメールでも文面に配慮をすることで、クレームを送る側にとっても、無用なトラブルを避ける有効策となります。

第3章

相手に応じて伝わるメールを送る技術

3
sec.1

できる人は相手の性格を分析してメールを送る

コミュニケーションのすれ違いでよくあるのが、「やってないじゃないか」と言うと、「いまやろうと思っていたのに、そう言われたらやりたくなくなる」と返されるというパターンです。こうしたすれ違いが起きる原因のひとつには、性格によるものがあるようです。

性格の類型では、心理学者エリック・バーンの提唱したＴＡ（交流分析）で使われるエゴグラムが有名です。

エゴグラムは、人の性格をＣＰ（厳格さ、規律を重視する性格）、ＮＰ（愛着、親和性を重視する性格）、Ａ（論理性を重視する性格）、ＦＣ（自由を重視する性格）、ＡＣ（従順、協調を重視する性格）の五つに類型化します。

ひとりの人間の中には、この五つの性格要素があり、いずれかの性格が強く表れることでメールの反応も変わってきます。

文例A：CPの強いタイプに不適切なメール

New Message

期日までにきちんとやってください。

Point

規律に厳格なCPタイプは、もとより約束事に几帳面ですから、こうしたリマインドのメールには、「言われるまでもない」と反応します。
ですので、本当にわかっているかどうかは別に、相手は「わかっている人」という扱いでリマインドするほうが適切です。

SEND

文例B：CPの強いタイプに適切なメール

New Message

いつも正確に納期を守っていただきありがとうございます。

○○の件もよろしくお願いいたします。

Point

CPタイプには自尊心を傷つけないよう、丁寧に対応することが基本です。
といって何も言わないわけにもいきませんから、最低限の用件だけは伝えます。

SEND

相手を上手にコントロールするメール

一方、親和性重視のＮＰの強いタイプは、メールでも用件より人間関係のほうに関心が向く傾向があります。

ＮＰの強い性格の人は、先ほどのコミュニケーションのすれ違いの例で見たとおり「やってないじゃないか」と問い詰めると、「いまからやろうと思ったのに」という反応が返って来ます。

したがって、親和性を重視するＮＰの強いタイプに対しては、メールでも文例Ｃのパターンではなく「いつもご苦労さまです。手間をおかけして悪いけど、よろしく頼むよ」という、フレンドリーで共感性の強いメールを送ると、「できる限り早くやります」という返事が返って来るはずです。

ＮＰの強い性格の人には、「よろしく頼むよ」で通じますが、理論派のＡタイプには、それでは十分なコミュニケーションがとれません。

文例C：Aの強いタイプに不適切なメール

New Message

前の工程で部品にバラツキがあったので、お手数ですが**やり直しの手配をお願いします**。

Point

Aの性格が強いタイプは、決まったことだから決まったとおりにやれとか、とにかくうまくやってくれというような曖昧な指示では動きが鈍くなります。
数字と論理で理由を記すことで、Aタイプは納得し、適切に動きはじめます。

SEND

文例D：Aの強いタイプに適切なメール

New Message

前の工程で、部品に誤差±0.5ミリを超えるバラツキが全体の2割ありました。2割は返品しますので、±0.5ミリ以内に修正してくださるよう手配をお願いします。

Point

Aの性格には、「WHY」のないコミュニケーションでは通じません。論理的な理由と数字が必要です。

SEND

Ａの強い性格は論理性を重視しますので、メールに「ＷＨＹ（なぜ）」がないとよい反応が返ってきません。なぜそうなのかという、論理と数字がメールにあると、理論派のＡタイプは納得します。

Ａの性格の強いタイプの行動パターンというのは、ビジネスパーソンに比較的多く見られる傾向でもあります。

ビジネスにおける基本的な行動パターンとも言えるはずです。

扱いにひと手間かかる人を難しい人にしてはいけない

ＦＣの性格の強い人は、よくいえば自由奔放、悪くいえば勝手気ままともいえるタイプです。乗せれば驚くほどよい仕事をしますが、気分の上下が激しく、気持ちが落ち込んでしまうと手のつけようがありません。

いわば、扱い方でひと手間かけないといけない人と言うことができます。

芸術家、クリエイタータイプといってもよいのではないでしょうか。

そういうタイプですから、メールでも上手に乗せてやることが大切です。

文例Ｅ：ＦＣの強いタイプに不適切なメール

New Message

どうもしっくりこないので、デザイン案をもう２点つくってくれませんか。

Point 「どうもしっくりこないな」などと言われると、たちまちやる気を失うのがＦＣの性格です。扱い方を間違えて、手間のかかる人をさらに難しい人にしてはいけません。

SEND

文例Ｆ：ＦＣの強いタイプに適切なメール

New Message

とてもよいデザインで大変好評です。
ついては、さらに２点バリエーションを変えた斬新なものもほしいと思います。

Point 基本的には、ほめるほうがＦＣタイプには効き目があります。
文例Ｅでは渋ったＦＣタイプでも、文例Ｆならすぐに対応してくれるかもしれません。

SEND

遠慮がちなタイプに積極性を発揮させるメール

最後はＡＣの性格が強いタイプです。

ＡＣの性格が強い人は従順で扱いやすいですが、あまり抑え込むと最後に大爆発するのもこのタイプに多いと言われます。

ですので、ＡＣの性格が強い人に対しては、適度にガス抜きすることを気にかけてあげることが大切です。

発言を促しても、なかなか物を言わない遠慮がちなタイプでもありますから、早めに答えがほしいときには、提案を求めるのではなく、質問を投げかけて答えさせるというほうが効果的かもしれません。

従順なタイプのＡＣは、質問には生真面目に答えようとしてくれます。

文例Ｇ：ＡＣの強いタイプに不適切なメール

New Message

開発担当者として、新製品の販促プランに何かよいアドバイスがあったら、**遠慮なく言ってください**。

Point ＡＣの強いタイプは、遠慮なくと言っても、なかなか率直に物を言ってくれないことが多いものです。

SEND

文例Ｈ：ＡＣの強いタイプに適切なメール

New Message

開発担当者として、新製品の特長について**簡単に教えていただけますか**。また、新製品の販促プランで**アピールすべき点は何でしょうか**。教えていただけると助かります。

Point あまり時間のないときには、質問形式のメールで発言を促すこともひとつの方法です。
従順なＡＣの性格は質問にはきちんと答えてくれます。

SEND

3 sec.2

世界で最も美しい響きを効果的にメールで使う技術

メールは、はじめの短い文で用件を伝えるのが基本です。そういうメールの条件にマッチした効果的な方法のひとつが、相手の名前をメール本文に記すことです。

自分の名前は、世界で最も美しい響きを持つ言葉だといいます。

相手が自分の名前を心底気に入っているか否かは別として、君や彼というより、名前を出して呼びかけるほうが、相手との距離を縮め、近づいた分だけ体温が伝わります。

「あなたは実によくやってくれました」というメールでも十分にうれしいですが、「〇〇さんは実によくやってくれました」と書いてあるほうが、ありがたみが増すはずです。

それが世界一美しい響き「名前」で呼びかける効果といえます。

文例Aは、感謝のメールとしては一般的なものです。それに対して相手の名前がある文例Bでは、名前があるだけでメールの付加価値がぐっと上がっています。

文例A：感謝の意は伝わるが物足りないメール

New Message

貴社のがんばりのおかげで、何とか発売日までに間に合わせることができました。

スタッフ各位のご健闘に、心から感謝いたします！

これからもみなさんのお力添えに期待するところが大です。

Point 感嘆符「！」だけでは、感謝の意は伝わるものの、心を動かされるには至りません。

SEND

文例B：ネームドロッピングを効果的に使ったメール

New Message

横山さん（仮名）のがんばりのおかげで、何とか発売日までに間に合わせることができました。

横山さんたちスタッフのみなさんのご健闘に、心から感謝いたします！

これからも横山さんのお力添えに期待するところが大です。

Point 名前があるだけでメールから伝わる熱が変わってきます。

SEND

名前の書き間違いは致命傷

気持ちを伝えるには、感嘆符「！」を多用するよりも、相手の名前をしっかり記すほうがより効果がありますし、文面の印象も上品に見えます。

相手の名前を記すことに、何ら難しいことはありませんから、すぐにでも使える手軽で便利なテクニックです。

唯一、注意すべきことは相手の名前を間違えないこと。極めて当たり前のことですが、音が同じ漢字は変換ミスをよく起こします。

また、個人名に使われる漢字の中には、普段見慣れている漢字とは一致しない場合も多々あります。

斉藤さんは、人によっては斎藤さんであったり、また齊藤さんであったりします。人の名前はしっかり確認しないと、せっかく世界で最も美しい響きを使うテクニックも、とんでもない逆効果になってしまいかねません。

どんなに慌てていてもメールは読み直しを厳守

「はじめに」でも述べたことですが、メールでやってはいけないのは、送ってはいけない人に、送ってはいけないメールを送ることです。

名前を書き間違えるのは、それに次ぐ大きな間違いといえます。

致命的なメールを防ぐ最も効果的な方法は、メールを送信する前に、必ず一回以上読み直しをすることです。

人の名前は、記憶に頼らずに、名刺や本人のメールの署名などで確認する必要があります。それが、相手の名前を文面にちりばめるときの唯一守るべきルールです。

同じ感謝のメールを送るならば、より強く感謝の気持ちが伝わるほうがよいのは言うまでもありません。

こうした名前で呼びかけるテクニックの応用は、周囲に対する日常のコミュニケーションでも効果を発揮します。

sec.3

フェイス・トゥ・フェイスの効果を上げるメールの技術

コミュニケーションの基本は、フェイス・トゥ・フェイスであると言われます。最近はフリー・アドレス・オフィスの職場も増えつつありますので、メールによるコミュニケーションの役割が一層重要になってきています。

フェイス・トゥ・フェイスのコミュニケーションを補う手段として、メールを上手に活用することは、ビジネスパーソンの基本スキルと言えるでしょう。

したがって、メールは事務的な連絡のツールとしてのみならず、人間関係を円滑に築くこともメールの役割としなければなりません。

叱る、ほめる、励ますなどは、直接会う機会を捉えて行うほうがよい場合と、すぐにやったほうがよい場合があってケース・バイ・ケースです。

しかし、仕事のフィードバックなどは、早くなければいけません。そこでメールの出番となるのです。

ご愛読誠にありがとうございます。

読者カード

●ご購入作品名

●この本をどこでお知りになりましたか？

年齢　　歳　　　　　性別　　男・女

ご職業　　1.学生（大・高・中・小・その他）　2.会社員　3.公務員
4.教員　5.会社経営　6.自営業　7.主婦　8.その他（　　　）

●ご意見、ご感想などありましたら、是非お聞かせ下さい。

●ご感想を広告等、書籍のPRに使わせていただいてもよろしいですか？
※ご使用させて頂く場合は、文章を省略・編集させて頂くことがございます。
（実名で可・匿名で可・不可）

●ご協力ありがとうございました。今後の参考にさせていただきます。

郵　便　は　が　き

料金受取人払郵便

渋谷局承認

7105

差出有効期間
2020年9月
11日まで

1508701

039

東京都渋谷区恵比寿4−20−3
恵比寿ガーデンプレイスタワー5F
恵比寿ガーデンプレイス郵便局
私書箱第5057号

株式会社アルファポリス
編集部 行

お名前	
ご住所　〒 TEL	

※ご記入頂いた個人情報は上記編集部からのお知らせ及びアンケートの集計目的以外には使用いたしません。

アルファポリス　http://www.alphapolis.co.jp

文例A：仕事のフィードバックメール

New Message

今回の君の販促プランなかなかいいと思います。

ついては、下記2点についての補足を今週中にもらっておきたいと思います。

Point なかなかいいとほめているので、これで悪いわけではありませんが、次に相手と会うときの期待値を上げるには物足りません。

SEND

文例B：相手を鼓舞するフィードバックメール

New Message

今回の**佐藤君（仮名）の販促プラン**、なかなかいいと思います。

次週の会議に諮《はか》るつもりです。

ついては、下記2点についての補足を今週中にもらっておきたいと思います。

佐藤君の手腕に期待しています。

Point 名前の呼びかけと期待の高さを示すことで、こちらの本気度を伝え、次の面談に向かって相手の意欲を高めます。

SEND

フィードバックの最低条件

仕事のフィードバックは、タイミングを失うと効果が半減します。

喉が渇いている間に水を渡さないと、相手は水を飲んでくれません。笛吹けど踊らずというのは、いわば渇きがおさまった後に水を差しだしている状態です。

提出された販促プランなどに対するフィードバックは、可能な限り早いほうが効果的であるというのは、相手の喉が渇いている（プランに対するフィードバックを強く求めている）うちが勝負だからです。

フィードバックで最悪なのは、何のフィードバックもしないことだといわれますから、文例Aのように何はともあれ相手へきちんとフィードバックしているのは、一応最低条件はクリアしているといえます。

しかし、**フェイス・トゥ・フェイスのコミュニケーションを補うメールとしては、やや物足りないと言わざるを得ません。**

文例Aはフィードバックの義務は果たしているものの、相手を鼓舞するというところまでは達していないからです。

相手をその気にさせるこちらの本気

メールで相手を鼓舞するためには、フェイス・トゥ・フェイスのコミュニケーションよりもテクニックが求められます。

文例Ｂでは、いくつかのテクニックを駆使しました。

まず先述した「名前で呼びかける」テクニックをここでも使っています。

あえて相手の名前を記したことで、こちらのメールにひときわ強い期待が込められていることを、相手もうかがい知るはずです。

また、実際にプランをオーソライズするために行動することも相手に伝えています。

こちらの本気は、相手のやる気を強く高揚させます。

3
sec.4

気まずくならずに用件を伝えるメールの書き方

わざわざ催促するほどのことではないものの、ほっとくわけにもいかない。といっていざ行動するとなると気後れがする。こういうとき、メールという手軽で記録が残る通信手段は、使い勝手がよいように思います。

ところが、実際にメールするとなると、**あまり露骨な表現をしては相手の気を悪くさせてしまうのではないか。でも遠回し過ぎる言い方では、今度は用件が通じないのではないかと、**いろいろ表現の仕方に迷うものです。

たとえば、かなり以前に貸した資料が返ってこない。こちらでも使いたいので、そろそろ返してもらいたいというメールを送るとします。

そこで必要となるメールのテクニックは、催促を匂わせずに、返してもらうという意図を伝えることです。

文例A：丁寧ではあるが返却を催促するパターン

New Message

以前にお貸しした資料は、お役に立ったでしょうか。

先月にお返しいただくお約束でしたが、まだご入用でしたら延長していただいてかまわないと思っております。

ただ、こちらでも必要になりましたもので、いったんご返却いただけますと助かります。

Point

直接、用件を述べるとこうなります。

丁寧に返却をお願いしていますので、これで相手が気を悪くすることはないように思います。

しかし、返却期限が過ぎていることを明記している以上、相手は返却を催促されたと受け取ることになります。

SEND

＜文例Bは113ページ＞

請求書や督促状は、それとわかったほうがよいけれども……

これが請求書や督促状であれば、はっきりと相手に伝わらなければ具合が悪いです。そのため多少強めの表現も許されますから、表現方法で悩むことはありません。

督促状などの目的は催促ですから、前ページの文例Aのように、はっきり文面にそう書いたほうがメールとしてはきちんと伝わってよいでしょう。

しかしそれを言ってしまうと、相手に恥をかかせることになるので、まずいという場合には、貸した事実には触れても、あえて期限切れには言及したくありません。

それが文例Bです。

ただ、婉曲的な表現の文章はどうしても長くなります。文例Bも相手に気をつかうあまり、文章が長く、用件が後ろのほうになってしまい、かつ返せと言っているのか、言っていないのかも判然としません。**本来メールとしては悪文ですが、優先事項が相手に配慮することですから、わかりやすさを犠牲にすることを可とします。**

文例B：催促をほのめかさずに用件を伝えるパターン

New Message

以前にお渡しした資料は、お役に立ったでしょうか。

拙い資料ですけれども、〇〇様に資料を生かしていただければ、私どもにとっても喜ばしいことと思っております。

ところで、**ご利用のところ大変申し訳ないのですが、私どものほうでも資料の一部に確認したいことが生じました。**

資料の内、すでにご不用となった部分がございましたら、受け取りに伺いたく存じます。

Point

返却を求めることが目的のメールとしては長い文面です。

そのため、何のメールか相手に伝わりにくくなっています。

しかし、相手に恥をかかせない、相手の顔に泥を塗らないことを第一にするのであれば、催促という目的をある程度犠牲にするしかありません。

SEND

3 sec.5

気をつかうべき相手の落とし方を知っておこう

前項で、文例に取り上げた催促のしづらい相手というのは、基本的にこちらよりも立場が上の人です。

ただし、立場だけではわからないこともあります。

こちらが発注者だとしても、相手はその道の大家、あるいは著名な大先生であったり、そこまでの大物ではなくても、弁護士や税理士など社会的な地位のある人であれば、よほど親しい間柄でないと発注者が仕入れ先に対するようなメールは送れません。

医者と患者はホストとゲストの関係ですが、一般的なサービス業とはお互いの立場に違いがあります。その点を含んでメールを書き分けるのも大切なことです。

気をつかうべき相手に向かって、文例Aのような配慮に欠ける文面を送ったのでは、失礼なメールと言われても仕方ありません。

文例A：気をつかうべき相手に気をつかわないメール

New Message

貴法律事務所にご依頼しております弊社コンプライアンスの基軸設計の件、進捗はいかがでしょうか。

先週末お打ち合わせの折には、今週末にご提案いただけるとのことでした。

ご提示いただいた日時が迫っております。

期限までにご提案をいただけるよう、よろしくお願いいたします。

Point
仕入れ先に確認するときのメールであれば、これでも通用するでしょう。しかし発注者の立場とはいえ、気をつかうべき相手に仕入れ先への督促のようなメールを送ることは控えるべきです。
失礼のない対応をするべき相手と知らなかった、では済まないこともあります。

A　SEND

＜文例Bは117ページ＞

偉い人には偉い人で対抗

前ページの文例Aは、ある意味こんなクールな文章で迫られたら、誰でも「やらなければ」という気にはなりますから、人によっては効果的かもしれません。

問題は、このメールを受け取った相手のタイプですが、それはこちらではうかがい知れないところがあります。

自分の立場にプライドのある人には文例Aは使えません。

メールの主たる用件は、期日をリマインドすることです。

そこで、催促めいた印象を持たせないように、社長の話を出しながら、会社として強い期待をもって提案を待っていると伝えたのが文例Bです。

印象としては催促ではなく、鼓舞という雰囲気になるかと思います。

催促はなくても、社長に期待されているとわかれば、やはり誰でも「やらなければ」という気になるはずです。

文例B：気をつかうべき相手に気をつかったメール

New Message

先日、弊社社長と○○（メールの送り先の名前）様のお話になりました。今般、弊社コンプライアンスの基軸設計をお願いしていることを話すと、「大いに期待しております」と申しておりました。**今週末のご提案、心よりお待ちしております**。

Point

交渉の基本に相手と格を合わせるということがあります。
メールでも、気をつかうべき相手には、こちらも格を合わせ組織の上位者の名前を出すことで、相手に話を通すという方法は、立場にこだわる人には有効です。

SEND

3
sec.6

フォローになるメールと仇になるメール

後輩との面談の後で、フォローのメールを送ることがあると思います。

強く叱り過ぎた後のフォローであったり、説明が十分に理解されていないのではと危ぶまれるときには、改めて重要な点をメールでフォローすることがあります。

面談の後に、面と向かってまた念を押すというのはお互いに気まずいですから、メールはそういうとき有効な手段といえるでしょう。

しかし、せっかくのフォローのメールでも、言い方、言い回しを間違えると効果がないどころか、ときに逆効果になりかねません。

たとえば、面談で相手にこれから身に付けるべき能力について話をしたとします。

こうした先輩の話は、相手にとっては一種のお説教です。そんな説教の後のフォローのメールは、文例Aではなく、文例Bでなければ効果がありません。

文例A：面談の後に来た上司や先輩からの念押しメール

New Message

さっきも言ったとおり現代ビジネスはグローバリゼーションが基本になる。ビジネスでは英語が必須能力だ。**英語のできないビジネスマンは、ビジネスマンとはいえない。早急に英語力をつけなさい**。

Point 後輩には苦言の繰り返しにしか聞こえませんから、これではフォローになりません。

SEND

文例B：面談の後に来た上司や先輩からのフォローメール

New Message

さっきも言ったとおり現代ビジネスはグローバリゼーションが基本です。**君はマーケティングに強い。リーダーシップもある。問題解決能力も高い**。そこに英語力が加われば、**間違いなく一流のビジネスマン**になれます。早急に英語力をつけてくれることを望んでいます。

Point 後輩を認めたうえで、期待をこめて励ますメールは相手をインスパイアします。

SEND

叩くより持ち上げてこそフォロー

文例Aのメールでは、面談で言われたことをさらに念押しされただけです。

後輩としては、このメールを見ても「わかったよ！」としか思えないでしょう。やる気のレベルは、面談直後が50だったとすれば、25くらいに急落しているはずです。

そこそこの実績を上げている者なら、かえって反発を覚えるかもしれません。

先輩としては部下や後輩の意欲を高めようと、叱咤激励のつもりでしたが、相手は叱咤されたと思うばかりで、激励されたとは思いません。

なぜこのようなことになってしまったかというと、このメールは相手を叩くばかりで持ち上げる部分がないからです。

後輩といえども人間、すこしは持ち上げてやらないと、気分は高揚しません。

気分が高揚しないとモチベーションも上がらないものです。

したがってフォローのメールでは、文例Bにあるとおり、はじめに相手を持ち上げることが基本となります。

文面が長くなっても、ほめることを忘れない

文例Bでは、事実かどうかは別として、英語力以外は、ビジネスマンに求められる能力がひととおり備わっている、と先輩から言われているのですから、言われたほうとしては悪い気はしないはずです。

面談の場で、文例Aのような厳しいことを言われたとしても、メールを見てやはり先輩は自分のことを評価してくれていると思えば、苦手な英語にも挑戦してみようかという気になるかもしれません。

フォローのメールでは、まず相手のよい点をほめるところから、肝心の話に持って行くことが有効と思います。

メールは若干長めになったとしても、後輩が先輩のメールを読み飛ばすことはありません。ですから長めのメールになっても、まずほめてから肝心の用件に入るという段取りがフォローのメールの基本です。

第4章

メールで
ありがちな失敗を
避ける技術

4 sec. 1

メールでは感嘆符、疑問符を慎み深く使うこと

メールでは、一般の文章に比べて「!?」が頻繁に使われます。

一般の文章で感嘆符「！」や疑問符「？」等を使い過ぎると、読み手に伝わってくるのは書き手の気持ちより「力み」ばかりということになりがちです。

しかし、メールのよさは「手軽」で「タイムリー」な「短文」である（ツイッターほどではありませんが）こと。短文であるがゆえに、感激や驚きの記号である「！」や疑問の記号である「？」を使うことで、短文による言葉足らずを補っているのかもしれません。

そのためか、メールでは「！」「？」の多用に対する抵抗感が薄いように見えます。

しかし、「！」「？」の多用が過ぎると、ひどく拙《つたな》い印象を与えかねません。

たとえば、文例Aのように短い文章でも、感嘆符ばかりを連打する人もいます。

文例A：感嘆符で感謝の気持ちを伝える

New Message

本日は小社○○展示場まで足をお運びいただき**ありがとうございました‼**
お会いできて大変うれしく**思っています‼**
ご指示いただきました製品の詳しいスペックとお見積りにつきましては、今週中に**お送り申し上げます‼**

Point
「！」は多すぎるとかえって効果が失われます。
そもそもビジネスメールに「！」は向きませんが、もし使うならせいぜい一ヵ所に留めるべきです。

SEND

＜文例Bは127ページ＞

メールといえどもビジネス文書

メールといえどもビジネス文書ですから、相手との距離感には、十分注意を払わなければなりません。

前ページの文例Aは、かなりなじみの深い顧客との間であればともかく、初めて展示場を訪れたような顧客に送るお礼のメールとしては、感謝の気持ちよりも、なれなれしさのほうが色濃く伝わってしまいそうです。

メールで「！」を使い慣れている人は、「！」がないと物足りない気がするかもしれませんが、「！」がなくても気持ちは伝わります。

気持ちを伝えるのは、感嘆符ではなく文章によってです。

メールの文面に「！」がないことで、二言三言追加することになりましたが、文例Aと比較すると、だいぶ大人っぽくなった印象があると思います。

文例B：感嘆符を除いた文章

New Message

本日は小社〇〇展示場まで足をお運びいただきありがとうございました。**お会いできて大変うれしく思っています**。

小社製品にもご興味をお示しいただき光栄です。

詳しいスペックとお見積りにつきましては、今週中にお送り申し上げます。

Point

「！」がなくなったことで文面が落ち着いています。

ビジネスパーソンからビジネスパーソンへのメールとしては、これくらいの「ほどよい静かさ」がよいように思います。

ビジネスメールで絵文字、顔文字を使う人はいないと思います。

感嘆符は記号ですが、位置づけとしては、絵文字、顔文字よりは大人しい記号という程度ではないでしょうか。

SEND

4
sec.2

メールの文面でありがちな言葉の重複を防ぐには

ビジネスの鉄則は「拙速《せっそく》は巧遅《こうち》に勝《まさ》る」ですが、メールを送るのに一秒を争うということはまずありません。

一度見直し、読み直しをしただけで、文章の誤字脱字などの単純ミスは激減します。

誤字脱字のほかにも、慌てて書いたメール文でよく見かけるのが言葉の重複です。

メールといえども記録に残る文章のひとつですから、なるべくみっともないものを避けたほうがよいのはいうまでもありません。

メール文が重複する原因のひとつは、メールソフトによる予測変換があると思います。

急いでメールを打っているときは、つい予測変換で出てきた文例をそのまま採用しがちです。しかし、安易に採用すると、同じ形式の文が並んでしまいます。

たとえば、文例Aもそのひとつです。

文例A：言葉が重複したメール

New Message

この度はお忙しい中、迅速に手配していただき誠に**ありがとうございました**。
おかげさまで順調にプロジェクトを進めることができました。
チームメンバーにも大変に好評です。
これも○○様のおかげと深く感謝申し上げます。

Point 「おかげさま」と「おかげ」が重複、それに「ありがとう」と「感謝申し上げます」も意味の上では重複といえます。

SEND

<文例Bは131ページ>

意味の重複も避けるべき

「おかげさまで……」や「これも○○様のおかげと……」は、慣用句としてよく使っている言葉です。

慣用句としてよく使っているフレーズは、コンピューターが候補の文言として挙げてきますので、つい選んでしまいます。

ただ、これくらいの重複は程度のよいほうで、「馬から落馬する」「水の中に水没する」「みんなで一緒に全員一丸となろう」というような重複も油断するとやってしまいます。

お礼を二度くらい繰り返していても、相手が気分を害することはないものの、あまりスマートとはいえません。

こうした重複を改める方法で、最も簡単なのは重複している部分を削除することです。削除しただけでは、文章にならない場合は言い換えの言葉を探します。

文例Bでは、「おかげ」と「感謝」を「お力添え」に変更しました。

文例B：重複を除いたメール

New Message

この度はお忙しい中、迅速に手配していただき誠にありがとうございました。
おかげさまで順調にプロジェクトを進めることができました。
チームメンバーにも大変に好評です。
○○様には、今後とも**お力添えを賜りたく存じます**。

Point

ありがとう、おかげさまは、それぞれ一回だけ。
「○○様のおかげ」と「感謝申し上げます」のくだりを「お力添えを賜りたく」とお願いの文言に変更しています。

SEND

4
sec.3

話し言葉と書き言葉が混在しているのは「うかつなメール」

メールの文面の乱れには、文章や言葉の重複だけでなく、言葉づかいの乱れもよく見かけます。文例Aはそのひとつです。

一般に、社内外の親しい間柄の人に話し言葉でメールを送ることは許されても、礼を保つ必要のある相手には、メールであっても書き言葉で送ります。

ところが慌ててメールを書くと、ひとつの文章の中に、話し言葉と書き言葉を混在させてしまうことがあります。

礼を失することのできない相手に、話し言葉まじりの奇妙なメール文を送ることは避けなければなりません。

文例Aのようなお詫びをかねたメールではなおさらです。落ち着いて、読み直して書き言葉に統一しましょう。

文例A：書き言葉の中に、話し言葉が混じったメール

New Message

この度はご注文と異なった商品が行ってしまい、大変申し訳ありません。

何とか間に合うように、**速攻で送り直しました**。

製造現場の人からも**めちゃくちゃ怒られちゃいまして、ホントすいませんでした**。

原因は、弊社の商品管理コードと受注コードの一部不整合とわかりました。

以後このようなことのないよう、商品管理コードと受注コードの管理に注意してまいりたいと思います。

Point 太字の部分だけが、フランクな話し言葉になっていて文章としてはアンバランスです。

SEND

<文例Bは135ページ>

メールでのお詫びはリカバリーが目的

文例Aは軽いお詫びですが、クレーム処理のようなデリケートな問題については、メールでやり取りするのは適切といえません。

しかし、メールで送らざるを得ない状況もあります。

そこで**メールでお詫びをするときには、電話でお詫びの一報を入れるのと違い、ある程度の原因の究明やリカバリー対策についても触れておきたいものです。**

トラブルの原因究明やリカバリーについて記すのですから、メールの文面も落ちついたものであることが求められます。

文例Aのメールを書き言葉に統一すると、文例Bのようになります。

メールとしては長いですが、お詫び、トラブルへの対処、原因究明、リカバリー対策という用件を並べていくと、ある程度の長さは致し方ありません。

お詫びメールの真の目的はリカバリーにあります。

文例B：書き言葉で統一したメール

New Message

この度はご注文と異なった商品が行ってしまい、大変申し訳ありません。

商品は検品の上、最速でお客様へ送らせていただきました。

出荷ミスの原因は、弊社の商品管理コードと受注コードの一部不整合とわかりました。

現在、商品管理コードと受注コードの再点検を行い、誤配送の起こらないシステム構築を進めております。

Point 書き言葉で統一するとともに、リカバリー対策についても、より正確で具体的に記します。

SEND

4 sec.4 安易な「ね」の多用を控えて大人のメールに

繰り返しになりますが、文字は会話の言葉より強く相手に伝わりがちです。

したがって、話し言葉メールといえども、文字で記される以上、会話のときよりも相手に強い印象を与えることになります。

そのため、話し言葉メールでは、印象を柔らかくするために顔文字、絵文字を使ったり、文の末尾に「ね」などを付けることが多いものです。

親しみを表現するために使う文末の「ね」ですが、やはり慌ててメールを書いていると、意識せずに過剰になっていることがあります。

あまりに「ね」の多いメールは、いささか幼稚な印象を与えがちです。

文例Aのように、あまりにも「ね」が多すぎると、くどい印象になりますし、「ね」が「うるさく」感じられます。

文例A：「ね」を多用したメール

New Message

先日の懇親会、楽しかった**ですね。**

〇〇さんの新製品開発の話は大盛り上がり**でしたね。**

ヒット商品はあんな風にしてできるの**ですね。**

とても勉強になり**ましたね。**

我々もいつかヒット商品を出したい**ですね。**

お互い頑張り**ましょうね。**

Point

メールをもらったほうは、これだけ「ね」が多いと、しつこく同意を求められているようにも感じます。
「ね」はなくても、文意に影響はありませんので、使うのは1～2ヵ所くらいに抑えたほうが品がよくなるはずです。

SEND

＜文例Bは139ページ＞

文章の引き算効果

文末に「ね」を付けるのは、文面の印象を和らげる、あるいは潜在的に同意を求めるという意識があるのかもしれません。

普段から「ね」を多用する人は、文末に「ね」を付けないと、メールがきつくなるのではないかと思いがちです。

「ね」を付けるのが習慣化していますから、「ね」を取ると落ち着かない気がします。それは絵文字や顔文字でも、同じことかもしれません。

そういう「ね」が習慣化している人は、メールを送信する前に一度メールの文面にあるすべての「ね」を取ってみることをおすすめします。

そのうえで、どうしても残したい箇所ひとつだけに「ね」を残す。

それだけでも文面が、私用メールからビジネスメールにガラリと変わります。

文章は概して足し算より、引き算のほうが品質は向上するものです。

文例B：「ね」を控えめにしたメール

New Message

先日の懇親会、楽しかった**ですね。**

〇〇さんの新製品開発の話は大盛り上がり**でした。**

ヒット商品はあんな風にしてできるのかと、とても勉強になり**ました。**

我々もいつかヒット商品を出せるようお互い頑張り**ましょう。**

Point 「ね」の多用を抑え、文章を整えてみると、メールの主旨は同じでも、文章が落ち着いて、すこし大人のメールという印象になります。

SEND

4 sec.5

CC、BCCメールは相手と目的を選んで

ある調査によれば、平均的日本人は仕事の12%をメールに費やしているそうです。

実は、メールの作成には膨大な時間が割かれています。そのためか、メールにＣＣやＢＣＣを付けて、一度に複数の人に送信する人が少なくありません。

たとえば、議事録をメールで会議の出席者に送るということがあります。

このケースでは、送り先のメンバーは、概ね会議の経緯と現状の問題について共通の認識を持っていますから、ＣＣメールでも支障なく受け取れるはずです。

しかし、**関係する部署であったとしても部門長にCCで同じ議事録を送った場合は、部門長はこのレベルの会議には出席していませんし、今後も出席しませんから、何を伝えたいか意味不明となります。**

部門長にＣＣメールを送る目的が「私たちはやってますよ」というアリバイづくりであるなら、意図は半分くらい果たしていると言えるかもしれません。

文例A：議事録をそのまま部門長に送ったCCメール

New Message

お疲れさまです。先日の会議の議事録をお送りします。

ご査収ください。

決定事項

・プロジェクトは3つのワークチームを中心に進める

・チーム1のリーダーはAさん

・チーム2のリーダーはBさん

・チーム3のリーダーはCさん

確認事項

各チームの作業計画は次回会議までにリーダーが用意

各チームのメンバーは次回の会議で選出

次回会議日時

2020年○月×日15時　於：第3会議室

Point　会議に参加しない部門長へのCCメールは、不要な情報ばかりを送ることになります。

SEND

＜文例Bは143ページ＞

ですが、本気で何かを伝えるつもりであるなら、やはりＣＣメールで送るのはあまり適切な手段とはいえません。

伝えたい人には伝えるべき内容のメールを

ＣＣメールは便利ですが、部門長にも情報共有してもらうことを意図するのであれば、ＣＣメールではなく、部門長に伝えるべき文面を別途作成することが基本です。

文例Ａのメールでは、会議に出席している人にとっては疑問のない内容ですが、事情を知らない部門長にとっては、三つワークチームがそれぞれ何をするのか、その目的や役割さえわかりません。

もしも、プロジェクトの進捗を関連部門のトップにも知らせておきたいというねらいでメールを送るのなら、手間はかかったとしてもその意図で改めて、文例Ｂのようなメールを別につくって送る必要があります。

安易にＣＣメールを多用することは、徒《いたずら》に情報量を増やし、重要な情報を埋没させることにつながります。

文例B：部門長用につくったメール

New Message

お疲れさまです。

△△プロジェクトの進捗についてご報告します。

本プロジェクトは3つのワークチームで推進することとしました。

チーム1は職務分解とロードマップ担当（リーダーA）

チーム2は予算立案と配分担当（リーダーB）

チーム3は関連部署との渉外担当（リーダーC）

各チームの作業計画およびメンバー選出は次回会議で行います。

以上です。

Point 部門長用のメールでは、ここまでは知っているはずという前提条件は最小に留め、改めて目的(プロジェクトの進捗状況の連絡)、経過（3つのワークチームの役割）、および今後の予定について基本的なことを記します。

SEND

4
sec.6

お詫びのメールまでCCメールで送るのはNG

コミュニケーションをめぐるトラブルで、古くて新しく、初歩的で根の深いのが「言った、言わない」です。

言った側は「言ったのだから伝わっているはず」と思いがち、ところが言われたほうは特に注意して聞いていたわけではないし、人は概して自分に都合のよいように話を認識しますから「そんな話は聞いていない」となります。

メールでも似たようなことは起こるもので、ＣＣメールで送ったのだから、こちらの意図は伝わっているはずと勝手に思い込むことがあります。

記録上はたしかに送っていても、ＣＣメールでは相手がちゃんとチェックしていない可能性がかなりあります。

メールしたことは事実であっても、内容がきちんと伝わっていなければ、それはメールを送った側に責任があるというのが、コミュニケーションの原則です。

文例Ａ：お詫びのメールをＣＣで二人の顧客へ送信

New Message

○○様（cc△△様）

今般は、わたしどもの連絡不足により多大なご迷惑をおかけしてしまいました。

衷心《ちゅうしん》よりお詫び申し上げます。

今回の件は、明らかにこちらが再確認を怠ったことが原因であり、言い訳のできない落ち度であると思っております。

誠に申し訳ございません。

今後チーム一同再確認を徹底し、貴社の信頼を取り戻せるよう全力で取り組む所存です。

Point

○○様宛のお詫びのメールをＣＣで△△様に送るというのは、△△様にしてみれば「ついで」扱いということになります。

このメールは、担当者のみに送るメールとすべきです。

SEND

＜文例Ｂは147ページ＞

直接現場で事態の収拾に当たっている複数の担当者に、対応策を連絡するというケースでは、速やかな情報共有が優先されますから効率重視のＣＣメールが有効です。

しかし、文例Ａのようなすでに終わった話のメールで、ＣＣで同じ文面を複数の相手に送ることは適切ではありません。誠心誠意こちらのお詫びの気持ちを示す目的のメールを、効率で捉えることは考え違いであると思います。

そもそもお詫び文をメールで送るということ自体、あまり感心できないのですから、効率だけを考えず、一手間かける方向で対応することが基本です。

さらに、**先方の担当者とその上司にＣＣで同じ文面を送った場合には、余計なトラブルの原因をつくりかねません。**

文例Ａではトラブルの原因を「こちらの連絡不足」としていますが、細かな経緯を知らない先方の上司にしてみれば、自分の部下にも確認不足があったのではないかと余計な穿《せん》鑿《さく》を促《うなが》しかねません。

そうすると先方の担当者は、お詫びのメールが原因で、上司から痛くもない腹を探られるという不愉快な思いまでさせられることになります。

文例B：先方の上司用のお詫びメール

New Message

△△様

今般は多大なご迷惑をおかけしてしまい、誠に申し訳ございませんでした。

衷心よりお詫び申し上げます。

詳細につきましては、**ご担当の○○様からご報告いただいているとおりです**。

今後の対処も**○○様から適切なご指示をいただいており**、再び貴社に信頼していただけるよう、現在事態の改善に向けて全力を尽くしております。

Point

まず伝えるべきは、トラブルに対するお詫びです。
初期段階では事態の経緯や以後の対処については、先方の担当者の立場に配慮し、その上司宛のメールには、あまり書き込まないというほうが適当であろうと思います。

SEND

4 sec.7

何と答えればよいかわからないときは、あえて何も伝えないメールを書く

取引先から何らかの提案をもらったが、回答するには社内のコンセンサスや意思決定の手続きを通すことが必要なため、すぐには返事ができない。といって相手は重要な取引先、返事をせずに放置したのでは失礼だ。

メールでは、ときどきこういうシチュエーションに遭遇することがあります。

うっかり下手な答え方をして、後で問題になっては困るし、さりとて何を言えばよいかわからないし、悩ましいところです。

ビジネスでは、相手に失礼な印象を与えずに、何も言わないという「逃げ切り型」のメールの技術も必要なときがあります。

難題には答えないまま、返信メールの礼儀は守るということです。ただし、それが文例Aのような、あまりに事務的で紋切り型のメールではうまいとは言えません。

文例A：事務的な返信メール

New Message

ご提案たしかに拝受いたしました。

ありがとうございます。

関係者と諮《はか》りまして、なるべく早い時期にご返答申し上げるようにいたします。

暫《しばら》くご猶予をください。

Point　一般的な可もなく不可もない返信メールですが、同時にとても事務的という印象を与えてしまいます。

SEND

文例B：感謝の意を伝えつつ結論は先送りするメール

New Message

〇〇様のご提案たしかに拝受いたしました。

いつもご配慮いただき、大変感謝しております。

また、いろいろ教えていただきたいと思っておりますので、機会をつくっていただけますと幸いです。

Point　提案の採否については触れませんが、相手に対する感謝の意を示すことで「事務的」メールとは思われません。

SEND

印象を悪くしないまま何も答えない

取引先から、すぐには返答しかねる難しい提案をもらったとき、相手がそれほど有力な取引先でなければ、文例Aのような事務的な文面で返信し、結論を先送りすることにしても、それほど問題はないかもしれません。

しかしメールの相手が、今後もお付き合いを続けていきたい取引先であった場合、つっけんどんなメールでは、相手の心証を害してしまいそうです。

また、普段フレンドリーなメールの交換をしている相手だと、あまり事務的では、何か不都合があるのかと勘繰られる恐れがあります。

とはいえ、**「よい提案をありがとうございます」と中味に触れるコメントを書いては、相手に過度の期待を持たせてしまいかねません。**

そこで文例Bでは、感謝の意が提案をもらった事実に対してなのか、日頃のお付き合いについてなのかをあいまいなままにし、提案に対する返事はいったん保留としています。

それだけでは事務的な印象を持たれるので、「いろいろ教えてください」と、これまた提案について言っているのか、別のことなのか、あいまいなまま、それでも相手に対する敬意を示すことで悪い印象を避けています。

遅れるほど事態は悪化するもの

基本の基本として、難しいメールをもらったときに最もやってはいけないのは、どう返信するか迷って、いつまでも返信をしないことです。

ところが、最もやってはいけないことであるにもかかわらず、意外に多くの人が先送りにしているのも、この種のメールへの返信ではないでしょうか。

やはり「拙速は巧遅に勝る」。それがビジネスの原則であることは、いまさら言うまでもありません。遅くなればなるほど事態は悪化します。

迅速かつ慎重、これがこの種のメールに対する基本動作となります。

そのためには、あえて「何も言わない」メールを上手に使う技術も、身に付けておくのができるビジネスパーソンです。

4 sec.8

過度に期待させず、徒に失望もさせないメールの書き方

前項に続きますが、ビジネスでは、さまざまな取引先、あるいは、まだ取引先ではないところからも提案をもらうことがあります。

せっかくの提案ですから、まず提案をもらったことに対する感謝の意を伝えますし、旧知の取引先からの提案であれば、できることなら何とか実現したいと思うはずです。

しかし、**安易に期待を持たせるようなことを答えて、「話が違うじゃないか」とガッカリさせては、それ以降の人間関係が気まずくなるかもしれません。**

といって、はじめから相手を失望させるメールも書きづらい。バランスのとり方の難しい綱渡りです。

では、どういうメールが過度な期待を抱かせるのか。文例Aがその事例です。

担当者としては、旧知の取引先の事情にも通じていますから、理解を示したくなりますが、ことは価格の問題。ぬかよろこびさせてはいけません。

文例A：相手に期待を持たせかねないメール

New Message

価格改定のご提案たしかに受け取りました。

昨今の経済事情に鑑みますと、**やむを得ないかもしれません**。

社内で諮りまして、なるべく早い時期にご返事いたします。

Point　価格改定に対する同意と取れるような発言は、会話でも具合が悪いですが、記録の残るメールでは避けなければいけません。

SEND

文例B：過度に期待させず失望もさせないメール

New Message

価格改定のご提案たしかに受け取りました。

○○様のご提案の趣旨はよく理解できました。

社内で諮りまして、なるべく早い時期にご返事いたします。

双方にとって、今後もウィン・ウィンの結果となる方向を目指したいと思っております。

Point　「言いたいことはわかった」というだけにとどめ、ウィン・ウィンというあいまいですが、前向きな印象のある言葉で逃げ切ります。

SEND

前向きだが肯定はしない言い回し

メールという記録性のあるメディアでは、うかつに同意を示すような発言をしてしまうと後々の交渉に影響を及ぼします。

気持ちのうえでは相手の事情もよくわかるとしても、そこは気持ちの中だけに留めておかなければなりません。

言質《げんち》を取られては不利です。

ことは価格改訂の提案という非常に神経を使うことですから、実際の交渉はお互いがテーブルについてからのこと。ですから、テーブルにつくための入り口であるメールでも、安易な発言は慎む必要があります。

交渉の相手が客先であれ、仕入れ先であれ、今後もお付き合いしなければならない大事な取引先という場合、担当者としては、そう冷たい態度をとるわけにはいきませんから、つい理解を示してしまいそうになります。

とはいえ理解を示されれば、相手は期待できるかなと考えがちです。

もちろん、価格改定は身を切る決断ですので、メール一本で価格交渉に話が付くはずがなく、相手もそこは承知のことに違いありません。

それでもＮＧだと、ガッカリ感は大きくなります。

便利な言い回しを用意しておこう

こうした神経を使うメールの返信では、大事なことは「何をどうする」という具体的な点には踏み込まないことです。

そういうときにウィン・ウィンというのは便利な言葉で、とりあえず前向きにやりましょうというメッセージにはなりますが、それ以上の確たる意味を持ちません。

それでも、何となく「よい方向に努力します」と言っているような印象を、相手に与えることができます。

こういう、はっきりとした意味を持たないが、前向きに感じられる言葉を普段からいくつか用意しておくことも必要と思います。

第5章

できる！
と思わせる
メールの技術

5 sec.1

できる人のメールはいつも結論から入る

結論を文章の冒頭に置く、起承転結の「結」からはじめるというのは一般的な文章技術のひとつです。

「起承転結」を基本的な文章の作法とすれば、結論から入る手法は正攻法ではないということになります。ですが、メールは長くなるほど最後まで読まれない傾向があります。ですからメールでは、結論から入る「結・起承転」という形を基本文型にしてもよいと、私は思っています。

文例Aは、来期の目標設定に対する注意喚起ですが、**長い文面で起承転結形式だと、文例Aのように、どこに言いたいことがあるのか、わかりにくくなってしまいます。**

意図を明確に伝えるためには、161ページの文例Bの結論を最初に持ってくる形式のほうが、はっきり伝わるはずです。

文例A：起承転結形式のメール

New Message

来期目標の発表まで三ヵ月。途中経過を見ると今期の目標の延長線上で考えている部署が多く、全体にチャレンジ精神が足りないように感じられます。
何のための目標なのか、再確認していただくことが必要です。
達成できるか否かもさることながら、**我が社の理念を実現するというゴールを再確認し、そこを目指した目標設定をしていただきたいと思います**。

Point 会社の理念実現に向かった目標を設定せよというのが結論ですが、長い文面のメールで結論が最後にあると、どれが言いたいことなのか、はっきりとわからなくなってしまいます。

SEND

＜文例Bは161ページ＞

結論から入る文章の構成

前ページの文例Aの起承転結形式の文面に比べ、次ページの文例Bのように文面の最初に結論を置くと、メールをもらったほうは送信者が何を言いたいのかがよくわかります。

ただし、「結・起承転」というのは、結論を最初に持ってきただけでは文章が完成しません。

「結・起承転」形式の文面では、結論の後ろに、結論に至った理由や経緯を書かないと、説明が不十分になってしまいます。

「結・起承転」形式の文章とは、**いわば野球の試合のレポートで、まず試合結果という結論を書き、その後に一回からの攻防について経緯を説明していくようなものです。**

したがって、結論は伝わりやすいですが、その理由や経緯について簡潔に説明する技術を要する文章形式でもあります。この技術がないと、「結・起承転」形式でも文面が長くなる傾向があります。

文例B：結論から入るメール

New Message

来期の目標は、我が社の理念を実現するというゴールを再確認し、そこを目指した目標設定をしていただきたいと思います。

来期目標の発表まで3ヵ月、今期の目標の延長線上で考えている部署が多く、全体にチャレンジ精神が足りないように見えます。

何のための目標なのか、原点に戻って考えてくださるようお願いいたします。

Point

長い文面ほど、結論を冒頭へ置くと何が言いたいことなのか、その意図がはっきり伝わります。

結論の後ろの文章では、結論に至った理由について説明します。

SEND

5 sec.2

読み手の気持ちを第一に考えているメールは、人を動かす

結論は、冒頭で端的に表現するというのがメールの基本です。

とはいえ端的に表現すれば、必ず正確に伝わるというわけではありません。相手に正しく伝えるためには、相手の心に届くメッセージを送る必要があります。

どんなに正しいことを言っているとしても、相手に反感を抱かれるような言い方では、正しく伝わることは困難です。

頭では理解できても、気持ちが受けつけないということが人間にはあります。

結論から入るメールは、ともすると文章が刺激的になりがちです。

たとえばイベントの評価と改善点をメールで担当者に送るとき、文例Aのように率直に問題点を指摘することは大事ですが、言い方によっては相手のモチベーションを奪うことになります。メールでは結論だけでなく、フォローも必要なケースが少なくありません。

文例A：課題の指摘という結論のみのメール

New Message

我が社のイベントは、もっとネットとの連動を強化する必要があると思います。

今回のイベントでは「ネット通販や電子決済サービスはないのか」という来場者の声が多数ありました。

イベント来場者数は例年並みでしたが、お客様の多くがネットに十分対応していないことに**落胆している様子でした。**

Point

指摘は正しいのかもしれませんが、これは記録に残るメールです。メールは、独り歩きすることもあります。イベント現場で苦労した人も見るかもしれません。

「できる！」と思われるメールの作法は、だれが見るかを意識して文面を考えることが基本です。

SEND

＜文例Bは165ページ＞

実績を尊重してから改善を促す

どんなによい指摘であっても、相手に受け入れられなければ意味がありません。

相手に受け入れられるためには、相手のことをよく考えて文面を構成することが基本中の基本です。文例Bでは、その点を考慮しました。

改善のためには、まず過去の実績を認め、尊重するところからはじめます。

いきなり過去の実績を全否定されて、気持ちよく動き出せる人はいないはずです。

文例Bでも、言うべきことははっきりと言っていますが、読み手のことを考えてフォローする気配りもあります。

結論とフォローのバランスがよければ、結論が少し手厳しいものでも読み手に真意は伝わるものです。

フォローのある分、メールの文面としてはダラダラと長いような印象もありますが、フォローの部分を犠牲にしては元も子もなくなってしまいます。

文例B：読み手に配慮したメール

New Message

イベントでは、もっとネットとの連動を強化する必要があると思います。

イベント来場者数は例年同様に盛況でしたので、中心となってイベント成功に尽力した人々の功績は非常に大きいと思います。

しかし、多くのお客様からネット通販や電子決済に関する質問をいただき、そのうちの何人かは我が社がネットに十分対応していないことを残念がっていました。

イベント成功に尽くした人たちの労に報いるためにも、ネットとの連動強化が不可欠と思います。

Point コメントの主旨があいまいにならないよう、結論は冒頭に持ってきます。
ただイベント関係者にとって愉快な結論ではないので、関係者の功績を讃え、関係者にとってもネットとの連動がよい結果をもたらすという構成にします。

SEND

5 sec.3

短いメールでも不愛想という印象を避ける書き方

メールの文面は短いほうが有効です。

しかし、結論だけを書いたのではいかにも紋切り型で、場合によっては木で鼻をくくったような印象さえ与えかねません。

そういう文章は、**相手によっては失礼と思われる恐れもあります。**

文例Aの場合、結論のみを記しているため、メッセージは明確に伝わるものの、あまりにも愛想がありません。

紋切り型という印象を持たれないためには、メールの質をやや落としかねませんが、やはり結論の後に若干の事情説明が必要です。

文例Bのように、まず結論を述べてから、後段で理由を丁寧に述べる。こうすることで、不愛想という点を補うことができます。

文例Ａ：紋切り型の結論だけのメール

New Message

ご提案いただいた件、当社としては**見合わせることになりました。**ご了承ください。

Point　結論重視でも紋切り型はＮＧ、結論だけを伝えればよいということではありません。

SEND

文例Ｂ：結論を先に、説明を後にしたメール

New Message

ご提案いただいた件、残念ながら見合わせていただくこととなりました。
せっかくご提案いただいたのに申し訳ございません。
見合わせとなった理由は、専ら我が社の体制がご提案を十分実行できるまでに整っていない点にあります。
体制が整った際に、改めて検討させていただきたく思っております。

Point　結論はお断りでも、その理由を相手のせいではなく、自分の問題とすることで嫌味な印象を消しています。

SEND

愛想のあるなしもコミュニケーションの質

人と人とのコミュニケーションでは、用件だけが伝わればそれでＯＫというわけにはいきません。

本来、用件を伝えることが主たる目的であるメールも、人と人とのコミュニケーション手段として一般化している現代では、一定の気配りが必要となっています。

人と人との関係でいうと、直接メールを送った相手だけに気を取られがちですが、実は直接やりとりしている相手だけが利害関係者とは限らず、当事者同士のやり取りが回りまわって周囲の耳に入り、そこからさまざまな批評が生まれ、想定外の事態となることはよくあるものです。

批評というのは社内から社外へ、社外から社内へと伝わります。

みだりに不愛想なメールばかりを送っていても、あまりよいことはありません。

人間は利害得失で判断し行動しますが、行動の質は必ずしも利害得失だけでは決まりません。

気が進まないが報酬のためにやるというときの行動と、この人のためならと意を決してとる行動では、同じ行動でも質が違います。

コミュニケーションの質と量は、相手のモチベーションの量と質を左右する要素でもありますので、普段の愛想は意外に軽んじることのできないものです。

愛想などなくてもメールはメールとお考えの方は、たしかにどちらもメールには違いありませんが、メールの質は自ずと異なることをお忘れなく。

そして、普段のコミュニケーションの結果は、必ずビジネスシーンで表面化します。

5 sec.4

できる人はフォローの手段にメールを使う

繰り返しになりますが、デリケートな話題やお詫び、だれかに何か頼みごとをするときは、会って話す。これがコミュニケーションの基本中の基本と思います。

したがって、クレーム、お詫び、頼みごと、根回しなどを、いきなりメールでやることは段取りとして感心できません。「声の表情」が伝わる電話か、面談でやるべきです。

一方で、メールをうまく使う人は、デリケートな面談や電話の後にメールを一通送ります。まず面談なり電話なりで話をして、その後にメールを送るという段取りです。

この順序なら、話の中味はある程度見えていますから、メールはそう長い文とはなりません。**この順序を間違えるとメールは長くなりますし、それを電話でフォローしようとすれば、ますます事態は混乱を深めてしまいます。**

たとえば品質に対するクレームと、その善後策を突然メールで送るとこうなります。

文例A：第一報をメールで送った場合

New Message

弊社検査基準を満たさない製品が増えております。

至急、不良品の回収と交換をお願いいたします。

今後の課題として、不良率の改善、精度誤差の明確化、また生産スケジュールがタイトになると、不良率の上がる傾向があるため、弊社の生産計画と貴社の生産計画の情報共有をはかりたいと考えております。

Point

突然クレームのメールが来たら、メールをもらったほうは冒頭の2行で直ちに動き出し、3行目以降はほぼ頭に残っていないのではないでしょうか。

そのフォローを電話でやろうとしても、相手はパニック状態ですから、しばらくは善後策には取りかかれません。

SEND

<文例Bは173ページ>

メールの効果を意識して

昔、三島由紀夫がデート直後の電話一本が効果的なんだということを言っていました。デートの後の電話は効果的でも、電話による打ち合わせの後で、また電話では新鮮味がありません。そこでメールという手段が生きることになります。

メールには記録性もありますから、電話や打ち合わせした点のリマインドにも効果的です。

デートの成否が、本当にフォローの電話で決まるかどうかはわかりませんが、ビジネスでは電話や打ち合わせの後のメールには一定の効果があります。

メールはデリケートで込み入った話題には向きませんが、そのフォローには十分な効果を発揮します。

段取りとしては、まず電話で先方の担当者にクレームを入れ、そこで経緯などについて先方と話し合いをします。電話や面談の際のいわゆる口約束（口約束でも立派な約束ですが）よりも、メールの文字となることで、そこに決定感が出てきます。

文例B：フォローとしてのメールの場合

New Message

電話でお伝えしたとおり、検査基準を満たさない製品が増えております。

今後の課題として不良率0.001%以下、精度誤差0.1ミリ以内の安定化、また当社の生産計画と貴社の生産計画の情報共有をはかりたいと考えております。

貴社の技術をもってすれば、必ず解決できるものと確信しております。我々も協力を惜しみませんので何卒よろしくお願いいたします。

Point

電話でひととおり話しているため、了解済みのことは省略し、伝えるべきことはより明確（目標の数値化）に伝えます。

メールの心得は「文字は話し言葉よりも強い」ですから、明確な要件や条件は改めてメールで送ることで効果的となります。

先に電話で話をしていれば、相手に配慮する余裕も生まれます。

SEND

5 sec.5

本当にできる人は「残念なメール」という印象を残さない

生真面目で信頼できる人なのだけど、メールはちょっと残念という人がいます。

こういう人は、だいたい普段からやることが几帳面ですから、こちらがちょっと忘れがちなことでも、あらかじめリマインドしてくれるありがたい存在です。

ところが、普段からいい加減な人間は、きちんと指摘されると、何だか「どうせまた忘れているんだろ。しっかりしろよ！」と言われているような気になってしまいます。

まったくの逆恨みですが、**メールの文に愛想がないと、本人はそんなつもりではないにもかかわらず、相手はまるで叱られたような気分になることがあります。**

言っていることは正しいので相手は何も言えませんが、内心もうちょっと言い方があるだろうになあ、残念な人だなあと思われていたのでは、メールを送ったほうは立つ瀬がありません。

文例A：親切なのにありがたがられないメール

New Message

製品の納期が近づいております。○月×日までに遅れることのないようよろしくお願いいたします。

Point 何の問題もないように見えるメールですが、人によってはこういうメールをもらうと、急かされているように感じてしまいます。
メールには緩衝材が必要なのです。

SEND

文例B：相手の名前を入れたひと言を添えたメール

New Message

製品の納期が近づいております。

△△様のことですから全幅の信頼を置いておりますけれども、○月×日までに遅れることのないようよろしくお願いいたします。

Point ほんの一行書き加えることで、文字の強さを和らげることができます。このテクニックはできる人には必須です。

SEND

親切なのにありがたがられないのは残念

メールを送る目的はだれかを傷つけたり、心理的ダメージを負わせて、こちらが優位に立つことではありません。

ですから、相手に残念な印象を持たれることは得策ではありません。

メールは文字だけのコミュニケーションですから、思った以上の強さが伴います。そこで必要なのがショック・アブソーバー（緩衝材）となるひと言を添えることです。

コミュニケーションの行き違いは今も昔もよくあることです。

しかしメールは、ほんの少し文章に工夫を加えることで印象をガラリと変え、誤解を避けることができます。

前ページの文例Aのメールだと、普段から仕事が遅れ気味の人は、遅れることのないようにと言われると、過去のことをほじくり返されているようで嫌ですし、普段から遅れないようにやっている人は「自分はきちんとやっているのに」と気分を害しかねません。

せっかく親切でリマインドのメールをしたのに、誤解されては残念です。

できると思われる「ひと言」

伝わる用件が同じなら、印象のよいほうがよいメールと言えます。メールの印象は、ほんのひと言添えるだけで「残念」から「できる」に大きく変わります。

そのテクニックについては、前章までいろいろと述べてきましたが、基本は相手の立場に立って、相手のことを思いやること。同じ用件でも、立場が変わると違う景色に見えるものなのです。

キーワードは「尊重」と「信頼」、それに「共感」でしょうか。

文例Bのように「△△様のことですから」とあるだけでも、相手は悪い気はしません。もしメールの着信を見て、「またリマインド（もっと露骨に言えば督促）のメールが来たのかよ」と思ったとしても、メールを読んだ後には、嫌な印象がきれいに払拭《ふっしょく》されているはずです。

5 sec.6

相手によろこばれるメールの書き方

相手の間違いを指摘するメールでも、ストレートに間違いを指摘して反省を促すメールよりも、すこしウィットのあるメールを送るほうが、賢い人のメール、できた人のメールという感じがします。

メールでも人柄は表れます。どうせなら印象がよいに越したことはありません。

また、概して本当に偉い人は、メールでも機知に富んだ言葉を挟んでいるものです。

逆に、相手の間違いを指摘するとき、相手をＫＯするとどめのひと言を付け加える人もいます。それが効果的なひと言であれば、それもまたひとつの才能ですが、メールの目的はそこにはないはずです。

それに、打撃力のあるひと言を書き添える人は、けっして悪意があって意識的にやっているわけではなく、概して何気なく書いているのです。

文例A：最後のひと言が相手の心を刺すメール

New Message

先日確認をお願いし、変更なしとご回答いただいていた貴社に発注中の製品の法定スペックは、やはり法改正により変更になっておりました。

ご確認をお願いしましたのにビックリです！

Point　ビックリです！と言われると、メールをもらったほうは本当に罪悪感を覚えます。

SEND

文例B：できた人感を漂わせるメール

New Message

先日確認をお願いし、変更なしとご回答いただいていた貴社に発注中の製品の法定スペックは、やはり法改正により変更になっておりました。**早めにわかってよかったですね**。

Point　こう言われると、間違えたほうとしては反省しますが、少し救われる気がします。

SEND

メールのひと言はフォローで締める

小さな法改正はあまりニュースになりませんし、たいてい改正から施行までに時間が空きますから、実際ときどきうっかり見落とすこともあります。

それでも関係業界にとっては重大なことですから、知らなくてよいことではありません。ですから、**文例Aのようなメールをもらった担当者は、プロとして失格と心から反省し、青ざめることでしょう。**

ただでさえ痛みを伴うメールですから、最後に「ビックリです！」とあったら、担当者としては傷口に塩を塗り込まれた気分と思います。

文例Aは、実際にはそれほど強い言葉で非難しているわけではありません。

用件は第一行目で済んでいますので、よほど腹に据えかねてどうしてもひと言ダメージを与えてやりたいと思っているわけではなく、恐らく本当にそう思ったので素朴にこういう表現をしたのだと思います。

であるなら、**自分の印象を引き下げることにつながりかねない表現はしないほうが**

得というものです。

文例Aのメールをもらった相手の心中は「やっちまった！」でしょう。

一方、文例Bのほうを受け取った人は「救われるなあ！」としみじみそう思っているに違いありません。

助けてもらった人というのは恩人ですから、助けられた人は受けた恩をいつか返そうと思うはずです。

メールに添えるひと言は、ポジティブであり、フォローになる言葉であることが、できる人のメールの基本となります。

おわりに

本書のもうひとつのテーマは、文字の持つ「強さ」を考えるということでした。

第1章でも述べましたとおり、会話では何も気にならない言葉がメールになると、なぜかキツイ表現のように感じられます。

気軽に使えるメールですが、文字の持つ「強さ」を意識していないと思わぬ誤解を招く。では、誤解を避けるにはどういう言い回し、言葉の選び方をすればよいのだろうか。それを考えるところから本書はスタートしました。

いわば「感じのよい」メールの形を求めた結果できたのが本書です。

果たして本書に挙げた文例が、狙いどおりの感じのよいメールとなっているかについては、読者のご判断にゆだねるしかありません。

それでも「感じの悪いメール」を避けることには、いくらか役立つことができたのではないかと思っています。

本書では、テーマごとにいくつかの文例を挙げました。

本来、言葉や文章というものは、時代とともに変化するものです。本書で例に挙げたメールの文面も、時代が次の元号に変わる頃には、何だか奇妙で落ち着かない文章に見えることでしょう。

言葉や文章は、メディア（記録媒体）の発展によっても変化します。

小さな木片に文字を記録するしか方法のなかった古代中国では、書き込める文字数に限りがあるため、漢字一文字にたくさんの情報を載せようとしました。

その結果、文面は短い暗号のようなものになりました。余分なことは一切そぎ落とした省エネ最優先の文面でとことん効率を追求しています。

流麗《りゅうれい》な美文調の文体が現れるのは、メディアの進歩、すなわち紙の登場を待たなければなりません。口語体の文章が一般化していく背景には、文章を長々と書けるだけの紙という記録媒体が、社会に供給されたことがあると思います。

文章や文体は、テクノロジーに影響を受けます。

はがきや手紙、本書のような書籍には、紙幅という物理的な制限があります。その点、ネットやメールはほぼ無制限です。

最後まで読む人がいるかどうかは別として、どれだけ長い文章でも書き記すことに制限はありません。

文章量を制限しないメディアが一般化することで、文章や文体はまた違った形が標準になってくるかもしれません。

あるいは、動画が通信手段の主役になって、通信はすべて対話で行われ、文字で伝達することを必要としなくなる可能性もあります。

そうなれば、もうメールの言葉づかいで悩む必要はありません。

時代が変わっても、変わらないのは、コミュニケーションは専《もっぱ》ら人が人に行うものという原則です（機械や動物とコミュニケーションする可能性もありますが）。

動画でも、音声でも、文字でも、相手の心に届かなければコミュニケーションとはなりません。相手に誤解を与えるというのは、コミュニケーションに失敗したということです。

動画と音声が通信手段の主役となったとき、文字はどんな役割を果たすのか。

文字が一般化していなかった古代では、人びとは文字には不思議な力が備わっていると考えました。

動画と音声が当たり前の時代だからこそ、私たちはもう一度「文字の力」に注目するかもしれません。

そう考えると、未来のコミュニケーションも楽しみです。

令和二年一月

亀谷敏朗

【著者紹介】

亀谷敏朗（かめたに・としあき）

1984年、中堅ビジネス書出版社だった中経出版に入社。

本づくりのかたわらセミナー事業、コンサルティング・ビジネスにも携わる。

また、在職中は中小企業から一部上場企業までを横断した、企業内の教育担当者の異業種交流会を主催した。

2004年フリーの出版プロデューサーとして独立。主にビジネス書作家のデビューを支援する。支援の一環として、新人作家の原稿づくりのアドバイスを手掛けたことから、改めて伝わる文章の研究を始める。

「名文は要らない」「読者と編集の立場から見たわかりやすい文章」に軸足を置いた方向で、新人作家には文章の書き方をアドバイスしている。

この作品に対する皆様のご意見・ご感想をお待ちしております。

おハガキ・お手紙は以下の宛先にお送りください。

【宛先】

〒150-6005 東京都渋谷区恵比寿 4-20-3 恵比寿ｶﾞｰﾃﾞﾝﾌﾟﾚｲｽﾀﾜｰ 5F
（株）アルファポリス　書籍感想係

メールフォームでのご意見・ご感想は右のＱＲコードから、
あるいは以下のワードで検索をかけてください。

アルファポリス　書籍の感想　検索

ご感想はこちらから

ちょっとしたことで差がつくメールの書き方

亀谷敏朗 著

2020年 1月 31日初版発行

編　集－原　康明
編集長－太田鉄平
発行者－梶本雄介
発行所－株式会社アルファポリス
〒150-6005 東京都渋谷区恵比寿4-20-3 恵比寿ｶﾞｰﾃﾞﾝﾌﾟﾚｲｽﾀﾜｰ5F
TEL 03-6277-1601（営業）03-6277-1602（編集）
URL https://www.alphapolis.co.jp/
発売元－株式会社星雲社
〒112-0005 東京都文京区水道1-3-30
TEL 03-3868-3275
装丁・中面デザイン－ansyyqdesign
印刷－中央精版印刷株式会社

価格はカバーに表示されてあります。

落丁乱丁の場合はアルファポリスまでご連絡ください。

送料は小社負担でお取り替えします。

ISBN 978-4-434-27047-5 C0030